NOTRE

AVANTAGE

DÉLOYAL

**LIBÉREZ LA PUISSANCE
DU SAINT-ESPRIT DANS VOTRE ENTREPRISE**

ÉLOGES DE NOTRE **AVANTAGE DÉLOYAL**

« Vous pouvez vous attendre à ce que votre vie professionnelle connaisse un changement transformationnel lorsque vous appliquerez l'enseignement du Dr. Jim sur la façon de travailler avec le Saint-Esprit comme un avantage déloyal ».

—**L. HEYNE**
Californie, USA

« Vous ouvrez la voie à un grand nombre d'entre nous pour que nous puissions entrer dans la puissance de l'Esprit qui nous habite et vivre pleinement leur mission professionnelle ».

—**S. HEARTY**
Île d'émeraude, Irlande

« Je n'ai jamais rencontré un livre aussi utile et pratique sur le Saint-Esprit. Je ressens déjà les effets de ce livre. Je recommanderai certainement ce livre à un grand nombre de personnes. Merci d'avoir écrit ce message si nécessaire. Je vous remercie » !

—**A. HEAL**
Australie

« Vos idées m'ont aidé à accélérer mes résultats commerciaux et à avoir un plus grand impact sur les personnes que je sers, ce qui m'a apporté un épanouissement à la fois personnel et professionnel. J'apprécie la simplicité et la profondeur de vos propos ».

—**M. TSOLO**
Afrique du Sud

« En tant qu'avocat, j'utilise les principes de votre livre Notre avantage déloyal tous les matins avant d'aller travailler. J'ai récemment mis votre livre en pratique dans une affaire judiciaire, et des signes et des miracles ont été observés dans la salle de conférence située entre la salle d'audience et le bureau du procureur. Maintenant, je recommande votre livre à toutes les personnes que je vois au travail ».

—S. WILLIAMS
    Arizona, États-Unis

« Ce livre est un trésor. Il est bien écrit, bibliquement solide et facile à lire. Les exercices et les questions pour les discussions de groupe sont très précieux ».

—C. LUTZ
    Zurich, Suisse

« Notre avantage déloyal offre un renouveau innovant d'une vérité implacable, être guidé par l'Esprit ».

—S. SATTERFIELD
    Géorgie, États-Unis

« Dans ce livre exceptionnel, le Dr Jim nous enseigne que Dieu offre aux chrétiens de la place du marché plus qu'un livre de principes commerciaux intemporels. Il m'a aidé à confier davantage le contrôle de mon entreprise au Saint-Esprit, notre avantage déloyal sur la place du marché ».

—D. SHEARER
    Caroline du Nord, États-Unis

NOTRE

AVANTAGE

DÉLOYAL

**LIBÉREZ LA PUISSANCE
DU SAINT-ESPRIT DANS VOTRE ENTREPRISE**

Dr JIM HARRIS

HIGH BRIDGE
BOOKS & MEDIA

Notre avantage déloyal :
Libérez la puissance du Saint-Esprit dans votre entreprise
Par le Dr. Jim Harris

Imprimé aux États-Unis d'Amérique
ISBN : 978-1-962802-18-5

Les ouvrages de High Bridge Books peuvent être achetés en gros à des fins éducatives, commerciales, de collecte de fonds ou de promotion des ventes. Pour plus d'informations, veuillez contacter High Bridge Books à l'adresse www.HighBridgeBooks.com/contact.

Conception de la couverture par High Bridge Books

Publié à Houston, Texas, par High Bridge Books

SOMMAIRE

REMERCIEMENTS

PREMIÈREMENT ET AVANT TOUT, JE REMERCIE DIEU, MON SAUVEUR Jésus, et le Saint-Esprit de m'avoir guidé dans la rédaction de ce livre. Mon seul désir est d'enregistrer fidèlement Tes paroles et d'être Ta plume. Que ce livre Te soit agréable.

À ma femme et partenaire éternelle, Brenda, qui est devenue une guerrière spirituelle inarrêtable. Sans toi et sans ton soutien indéfectible, je ne pourrais pas répondre à l'appel du Seigneur. Je te tiendrai fièrement la main jusqu'au ciel !

Je remercie tout particulièrement mon meilleur ami et frère spirituel, Kyle Winkler, dont l'esprit calme, les connaissances approfondies et le témoignage constant me guident, me donnent des leçons et m'encouragent depuis de nombreuses années.

Un grand merci aux pasteurs Arnie McCall, Buford Lipscomb, ainsi qu'à Rick et Jennifer Curry pour leur mentorat spirituel et leurs conseils à travers de rudes épreuves, une croissance spirituelle accélérée et de glorieuses rencontres avec le Saint-Esprit.

Merci également à mes mentors spirituels et à mes plus proches frères en Christ, Ben Watts, Tony Chavez et Steve Jones.

Merci à Darren Shearer, de High Bridge Books, pour son travail exceptionnel d'édition, de publication et de marketing. Vous êtes vraiment les meilleurs !

Enfin, je remercie tout particulièrement le pasteur Keith Moore de l'Église mondiale de la foi vivante située à Branson, dans le Missouri, et à Sarasota, en Floride. En seulement deux ans, vos prédications et le ministère Word Life Sup-ply ont fait grandir ma foi de manière exponentielle, au-delà de tout ce que j'ai appris au cours de mes 60 années passées dans l'Église. Une grande partie de ce livre m'a été révélée en appliquant vos enseignements. Je vous suis éternellement reconnaissant, ainsi qu'à votre ministère.

À toutes les personnes qui désirent profondément glorifier Dieu dans leurs affaires.

INTRODUCTION

S I VOUS TRAVAILLEZ DANS UNE ENTREPRISE À BUT LUCRATIF DONT les dirigeants souhaitent glorifier Dieu dans leur entreprise, ce livre est pour vous !

Le public cible de ce livre est constitué des personnes appartenant au 2%. Une personne appartenant au 2% est un croyant guidé par le Saint-Esprit dans les affaires, tout homme ou femme qui désire vraiment être guidé par l'Esprit de Dieu dans tout ce qu'il fait dans les affaires.

En tant que personne appartenant au 2%, vous disposez d'un avantage concurrentiel déloyal illimité, étonnant et passionnant sur votre marché que, jusqu'à présent, vous n'avez probablement pas suffisamment exploité.

Le but de ce livre est de vous aider à déballer et à libérer votre avantage concurrentiel déloyal dans les affaires pour la gloire de Dieu !

Le musicien Keith Green a dit un jour :

> Lorsque quelqu'un écrit une belle histoire, les gens font l'éloge de l'auteur, pas du stylo. Les gens ne disent pas : « Oh, quel stylo incroyable... où puis-je me procurer un stylo comme celui-ci pour pouvoir écrire de grandes histoires ? » Eh bien, je ne suis qu'un stylo entre les mains de quelqu'un. Je ne suis qu'un stylo dans les mains du Seigneur. C'est lui qui est l'auteur. Toutes les louanges doivent lui revenir.

Tout comme Keith, je ne suis qu'un stylo.

Quel que soit l'impact de ce livre sur votre vie, donnez toute la gloire au Seigneur !

—**Dr Jim**

1

QU'EST-CE QUI VOUS CONDUIT ?

Si vous trouvez mauvais de servir l'Éternel, choisissez aujourd'hui qui vous voulez servir, soit les dieux que servaient vos pères de l'autre côté du fleuve, soit les dieux des Amorrites, au pays desquels vous habitez. Quant à moi et à ma maison, nous servirons l'Éternel.

—Josué 24 : 15

TOUT LE MONDE EST GUIDÉ PAR QUELQUE CHOSE. QUE CELA VOUS paraisse évident ou non, vous êtes actuellement ou non, en ce moment même, guidé par quelque chose.

Quelque chose est à la barre de votre navire, guidant votre direction, fixant votre cap et, en fin de compte, influençant votre vie.

Lorsque vous étiez enfant, ce sont probablement vos parents ou vos tuteurs qui vous ont nourri, logé et habillé, et qui vous ont enseigné ce qui était acceptable et attendu. Ils vous ont protégé, nourri et parfois même gâté. Ce sont eux qui vous ont principalement guidé au cours de vos premières années de formation.

Lorsque vous avez commencé à fréquenter l'école, vous avez rapidement appris que d'autres personnes étaient désormais impliquées dans votre éducation. Vous avez été forcé d'apprendre de nouvelles vérités, parfois inconfortables, sur la façon de vivre avec d'autres personnes en dehors de votre famille immédiate et de votre voisinage.

Cette influence extérieure n'a cessé de croître au fur et à mesure que vous entriez au lycée et, peut-être, à l'université. Vous étiez dirigé par de nombreuses voix qui vous envoyaient des signaux contradictoires et exerçaient divers niveaux de pression pour influencer votre comportement.

Avant même de vous en rendre compte, vous avez été projeté dans le "monde réel" où des dizaines de voix voulaient vous diriger... des patrons, des fiancés, des conjoints, des clients, des spécialistes du marketing, et bien d'autres encore.

Le fait est que vous et moi sommes dirigés par quelque chose. Et ce par quoi vous décidez d'être guidé a un impact profond, sinon permanent, sur votre vie ... y compris votre vie professionnelle.

En tant que propriétaire de ce livre, vous êtes probablement un leader dans votre entreprise. Que vous soyez au sommet, au milieu ou au tout début, vous influencez les autres. Par conséquent, vous avez un impact et un potentiel de leadership.

CE QUE FAIT UN LEADER ?

Depuis la première édition de ce livre (17/6/15), Amazon.com a enregistré...

- 4 303 934 résultats pour « livres d'affaires ».

- 178 180 résultats pour « livres sur le leadership ».

- 25 511 résultats pour « leadership d'entreprise ».

- 744 nouvelles parutions dans les « 90 derniers jours » et 180 dans « bientôt ».

Je vous garantis que la plupart de ces livres, 98 % ou plus, partagent les cinq, sept, dix, voire 21 qualités, compétences ou principes essentiels d'un leader pour diriger les autres. Ils partagent leurs secrets de bonnes pratiques que vous pouvez utiliser pour devenir un leader comme eux.

Au cours des 30 dernières années, j'ai lu des milliers de livres et d'articles sur le leadership. En parcourant ma bibliothèque à la recherche des meilleurs d'entre eux, en réfléchissant à leur contenu et à leurs points clés, je constate qu'un très grand nombre d'entre eux se répètent et se ressemblent. La plupart d'entre eux contiennent exactement les mêmes idées et concepts, simplement énoncés de manière légèrement différente.

Devrais-je même mentionner le nombre de blogs, de tweets et d'articles quotidiens qui nous expliquent ce que fait un grand dirigeant ? Je suppose que je viens de le faire.

Nous sommes tout simplement submergés par ce que les autres disent, pensent ou proclament comme étant la façon d'être le leader dont tout le monde a besoin aujourd'hui.

Ces ouvrages, souvent intéressants et parfois profonds, se concentrent sur une question essentielle : Que fait un dirigeant ?

C'est exactement la mauvaise question. Ce que fait un leader (son comportement, son style de communication, sa capacité à prendre des décisions, etc.) n'est pas l'élément le plus important que vous devez connaître. Il existe une question bien plus profonde et nécessaire que personne ne pose.

LA VERITABLE QUESTION

En parcourant les différents écrits et enseignements disponibles sur le leadership, je n'en trouve aucun qui aborde directement la véritable question.

La réponse à la véritable question détermine inévitablement le destin non seulement du dirigeant, mais aussi de tous ceux qu'il dirige.

La véritable question : Qu'est-ce qui guide le dirigeant ?

Prenons un exemple personnel. Avez-vous déjà...

- Avez-vous réfléchi à ce qui fait de vous le leader que vous êtes ?

- Avez-vous pris du recul pour évaluer ce sur quoi vous vous appuyez pour diriger ?

- Vous êtes-vous arrêté assez longtemps pour penser à ce qui vous guide vraiment en tant qu'homme d'affaires ?

Ce qui vous guide, en fin de compte, se retrouve dans votre leadership et dans votre rôle au sein de votre entreprise.

Ce qui vous guide est au cœur de votre capacité à travailler, à réussir et à laisser un héritage.

Sans vouloir tomber dans le sensationnalisme ou tirer inutilement la sonnette d'alarme, il faut se poser la question et décider : En fin de compte, qu'est-ce qui vous guide ? Ce n'est qu'à ce moment-là que vous pourrez décider de poursuivre sur cette voie ou sur une base potentiellement plus excitante et plus profonde pour votre leadership.

Avant de vous demander de prendre une décision qui pourrait s'avérer radicale et susceptible de changer votre vie, examinons quelques-unes des façons les plus courantes dont les dirigeants sont guidés.

1.1. NEUF MANIERES COURANTES PAR LESQUELLES SONT GUIDES LES CHEFS D'ENTREPRISE

Il serait facile d'énumérer une centaine de manières par lesquelles sont guidés les chefs d'entreprise, mais elles se classent généralement dans l'une des catégories suivantes.

Voici une liste de ce que j'appelle « Ce qui vous guide ». Elle est constituée des types de leaders les plus marquants que j'ai observés au cours de mes 30 années d'expérience dans le monde des affaires.

Remarque : pendant la rédaction de ce livre, j'ai demandé aux lecteurs de mon blog de me faire part des expressions qu'ils avaient entendues de la bouche de dirigeants et qui correspondaient à chaque catégorie. Je n'ai inclus que quelques-uns de ces commentaires. Chacune de ces personnes recevra un exemplaire gratuit du livre. Vous voyez ... cela vaut la peine de s'inscrire à ma newsletter et de devenir mon partenaire sur le site www.DrJimHarris.com.

1 : Guidé par la tête

Les leaders guidés par la tête utilisent leur cerveau pour tout analyser. Ils recherchent plus de connaissances, d'informations, de rapports et d'analyses. Ils s'appuient sur la logique et les feuilles de calcul pour prendre leurs décisions finales. Les leaders guidés par la tête se retrouvent souvent à trop compter sur leur capacité à analyser et à penser de manière critique comme étant leur principal style de travail.

Les chefs d'entreprise guidés par la tête tiennent des propos tels que...

- « C'est une excellente idée. Exécutons-la ».

- « Établissons encore un rapport ».

- « Les chiffres ne mentent pas. Que disent les chiffres ? ».

- « Pourquoi n'y avais-je pas pensé ? ».

- « J'aime ta façon de penser ».

- « Montrez-moi les chiffres. Nous prenons des décisions en connaissance de cause, pas en faisant des suppositions ». (Curt Fowler, commentateur de blog)

2 : Guidé par l'argent

Les dirigeants guidés par l'argent se concentrent sur la quantité d'argent à gagner ou à perdre. Les marchés financiers mondiaux sont totalement axés sur l'argent. Gagner de l'argent est une nécessité absolue dans une entreprise à but lucratif. Cependant, les dirigeants guidés par l'argent laissent les flux de trésorerie, les bénéfices et les marges être les facteurs les plus importants dans presque toutes les décisions de l'entreprise.

Les chefs d'entreprise guidés par l'argent tiennent des propos tels que...

- « Nous allons gagner beaucoup d'argent grâce à cela ».

- « J'adore ces marges bénéficiaires ».

- « Comment pouvons-nous réduire davantage les coûts ? ».

- « Je ne me soucie pas de la qualité des bénéfices. Les chiffres sont les chiffres, et je veux faire les miens ». (Sidney Bos-tian, commentateur de blog)

3 : Guidé par l'innovation

Les leaders guidés par l'innovation sont constamment à la recherche de la dernière plateforme technologique, numérique ou créative pour développer l'entreprise. Ils se réjouissent, voire s'extasient, devant la dernière mise à jour, l'application, le logiciel, le site web, la technique de marketing ou le concept unique. Bien que des améliorations soient évidemment nécessaires à toute entreprise pérenne, les chefs d'entreprise tournés vers l'innovation sont souvent attirés par tout ce qui est « nouveau ».

Les chefs d'entreprise axés sur l'innovation tiennent des propos tels que...

- « Que ferait Elon Musk ? ».

- « Nous devons nous moderniser maintenant, sinon nous risquons de perdre des parts de marché, la fidélité de nos clients et... ! ».

- « Innover ou mourir ! ».

- « Parfois, nous devons conduire nos clients là où ils ont besoin d'aller ».

- « Ce sera tellement génial ! ».

- « Qu'est-ce que cela a de novateur et d'excitant ? ». (Jason Pyne, commentateur de blog)

4 : Guidé par les opportunités

Les leaders guidés par les opportunités sautent avec enthousiasme dans toutes les possibilités qui s'offrent à eux. Ils se concentrent sur la prochaine grande opportunité, l'alliance stratégique ou la perspective commerciale inespérée qui pourrait propulser leur entreprise à une plus grande échelle.

Les chefs d'entreprise guidés par les opportunités tiennent des propos tels que...

- « Nous ferions mieux de saisir cette opportunité tant que nous le pouvons ».

- « Il n'est pas question de laisser passer cette opportunité ».

- « Quelle belle opportunité ! Il faut la saisir ! ».

- « Bien sûr, cette opportunité est un peu en dehors de la mission de notre entreprise, mais je pense que le jeu en vaut la chandelle ». (Curt Fowler, commentateur de blog)

- « Plus nous lançons des choses contre le mur, plus il y en aura qui tiendront ». (Sharon Kendrew, commentatrice de blog)

- « Je sais que si je me lance... cela arrivera ! ». (Jesus Estrada, commentateur du blog)

5 : Guidé par les prix

Les dirigeants guidés par les prix sont des cousins proches des dirigeants guidés par l'argent (n°2), à cette petite exception près. Plutôt que de se concentrer sur la quantité d'argent qu'ils peuvent gagner, les dirigeants guidés par les prix cherchent à dépenser le moins d'argent possible, en recherchant toujours le prix le plus bas.

Les chefs d'entreprise axés sur le prix tiennent des propos tels que...

- « Vous devez vraiment tailler votre crayon sur ce point ».

- « C'est la meilleure option parce que c'est la moins chère ». (Darren Shearer, commentateur de blog)

- « Hé, toute vente est une bonne vente ». (Aric Johnson, commentateur de blog)

- « Tout est négociable ». (Howard Drake, commentateur de blog)

- « Nous voulons que cela soit moins cher et que ce soit bon ! ». (Angeline Teoh, commentateur du blog)

6 : Guidé par l'expert

Le dirigeant guidé par l'expert se laisse facilement entraîner par la dernière mode en matière de gestion ou de leadership, toujours à la recherche du dernier grand concept proposé par un conférencier, un auteur ou un conseiller. Les dirigeants guidés par l'expert mettent souvent et rapidement en œuvre le « nouveau » concept d'entreprise, sans même prendre le temps d'évaluer comment ou la manière dont il doit être implémenté dans leur entreprise.

Oui, j'ai un peu de mal à inclure ce point, car je parle, j'écris et j'accompagne des professionnels du monde entier. Pourtant, je ne veux PAS que mes partenaires commerciaux soient « guidés par l'expert », même par moi !

Les chefs d'entreprise dirigés par l'expert tiennent des propos tels que...

- « Un magazine d'affaires a publié un article qui dit que nous devrions... ».

- « Voici une idée géniale présentée lors d'une conférence commerciale... Mettons-la en pratique ! ».

- « Nos concurrents lisent ce nouveau livre. Voici votre exemplaire. Suivons leur rythme ».

- « Tout le secteur fait cela ».

- « Trouvons le meilleur expert dans le domaine et invitons-le à participer à ce projet ».

- « D'après [insérez le nom d'un expert du monde des affaires], ne devrions-nous pas faire la même chose ? ». (Jason Pyne, commentateur de blog)

7 : Guidé par la pression

Les dirigeants guidés par la pression prétendent mieux travailler dans les situations d'urgence ou de crise. Même si le travail se déroule bien, ils veulent créer des conditions de crise inutiles afin de mettre la pression sur tout le monde pour qu'ils en fassent plus et travaillent plus dur. Les dirigeants guidés par la pression exercent involontairement des pressions inutiles et non pertinentes sur les autres.

Les chefs d'entreprise guidés par la pression tiennent des propos tels que...

- « Nous devons le faire MAINTENANT ! Pas d'excuses ! ».

- « Le temps, c'est de l'argent, et nous ne pouvons pas en perdre davantage ».

- « L'échec n'est pas une option ».

- « La manière dont nous le faisons m'importe peu, mais nous devons le faire maintenant ! ». (Jason Pyne, commentateur de blog)

- « Appuyez sur la pédale d'accélérateur ! ». (Robins Duncan, commentateur de blog)

- « Nous devons travailler dur et faire avancer les choses. Nous pourrons dormir une fois que nous l'aurons terminé ». (Aric Johnson, commentateur du blog)

8 : Guidé par les sentiments

Les dirigeants guidés par les sentiments évaluent constamment leurs sentiments et leurs émotions avant de prendre une décision. Ils sont profondément émus et souvent submergés par la peur, l'anxiété, l'excitation, le confort ou la sécurité dans les affaires. Les dirigeants guidés par les sentiments ne sont pas des dirigeants faibles : ils laissent parfois leurs sentiments et leurs émotions prendre le pas sur leur expertise et leur sagesse en matière de gestion d'entreprise.

Les chefs d'entreprise guidés par leurs sentiments tiennent des propos tels que...

- « Cela me fait peur ».

- « Je n'ai pas le cœur à cela ».

- « Cela va faire mal ».

- « Waouh, je n'ai jamais été aussi enthousiaste à cause de quelque chose ».

- « Cela me fait vraiment plaisir ! ».

- « Mieux vaut prévenir que guérir ! ». (Robins Duncan, commentateur du blog)

9 : Guidé par la fierté

Les dirigeants guidés par la fierté se considèrent eux-mêmes et leurs entreprises comme spéciaux, différents et uniques. Ils se prennent eux-mêmes et tout ce qu'ils font très au sérieux. Les dirigeants guidés par la fierté sont souvent très arrogants et sûrs d'eux, refusant de s'incliner devant qui que ce soit ou un quelconque groupe, même lorsqu'ils ont tort.

Les chefs d'entreprise guidés par la fierté tiennent des propos tels que...

- « Nous n'avons pas à faire cela. Nous sommes différents ».

- « Ils peuvent essayer. Nous n'avons pas besoin de le faire ».

- « Nous savons ce qui se passe sur le terrain. Vous restez ici au bureau et vous continuez à travailler ».

- « Faites-le à notre façon ».

- « C'est ma manière ou l'autoroute ». (Howard Drake, commentateur de blog)

Vérification de l'honnêteté

En lisant ces lignes, je suis sûr que vous avez rapidement identifié d'autres personnes qui correspondent à un ou plusieurs de ces critères. La question la plus importante est la suivante : « Où est-ce que vous vous voyez ? »

Voici votre premier devoir de lecture. Cochez les cases qui pourraient décrire ce qui vous guide.

☐ Guidé par la tête
☐ Guidé par l'argent
☐ Guidé par l'innovation
☐ Guidé par l'opportunité
☐ Guidé par le prix
☐ Guidé par l'expert
☐ Guidé par la pression
☐ Guidé par les sentiments
☐ Guidé par la fierté

1.2. LA RÉALITE TERRIFIANTE

À un moment ou à un autre, nous avons été guidés par un ou plusieurs des éléments de la liste "Ce qui vous guide". Franchement, nous sommes, pour la plupart d'entre nous, une combinaison de plusieurs de ces éléments le plus souvent.

Maintenant, considérons ce qui suit.

Chacune des neuf catégories de la liste « Ce qui vous guide » est exactement la façon dont 95 % ou plus de toutes les entreprises à but lucratif dans le monde sont pilotées !

Ne vous laissez pas distraire trop vite. Prenez un moment pour réfléchir à cette affirmation.

Ces neuf catégories sont de simples exemples de la manière dont la plupart des entreprises sont dirigées, même celles dont les dirigeants prétendent être des chrétiens dans le monde des affaires !

Autrement dit, les chefs d'entreprise d'aujourd'hui sont orientés par le « Quoi ». Pour eux, tout tourne autour de l'idée, de l'argent, de l'opportunité, de l'innovation, du prix, des idées des experts, etc. C'est sur la base de ces catégories que les hommes d'affaires prennent leurs décisions, construisent leurs entreprises et atteignent finalement leurs objectifs.

Malheureusement, la majorité d'entre nous, les 2% (croyants guidés par le Saint-Esprit dans les affaires), ne sont pas différents !

Nous sommes très probablement guidés par les mêmes choses que nos concurrents séculiers et non croyants. Pourquoi ?

Les méthodes commerciales du monde sont tellement répandues, omniprésentes et substantielles qu'il est pratiquement impossible de ne pas se laisser guider par elles.

Nous avons accès, tout comme nos concurrents, aux mêmes idées commerciales, aux mêmes livres, aux mêmes analyses et aux mêmes informations sur les marchés contrôlés par le système mondial. Par conséquent, nous sommes tout aussi vulnérables qu'eux à la tentation de diriger nos entreprises de la même manière.

Or, voici la terrifiante réalité.

Si vous vous laissez guider par le monde des affaires, vous n'avez aucun avantage compétitif sur vos concurrents !

Si vous ne comptez que sur les neuf possibilités que j'ai énumérées ci-dessus, vous passez à côté de la seule chose qui peut libérer votre avantage déloyal dans le monde des affaires.

Je vous entends déjà demander : « Alors, Dr Jim... êtes-vous en train de me dire que je ne suis pas censé me servir de ma tête, ni regarder les opportunités, ni penser aux aspects financiers de mon travail ? C'est ce que vous êtes en train de dire ? »

Non, non, non, non ! Encore une fois... non !

Dieu vous a donné un cerveau et un esprit sain. Il vous l'a donné pour que vous puissiez raisonner, penser, planifier et grandir. Il vous a donné des sentiments pour développer votre sensibilité aux autres. Il attend de vous que vous les utilisez.

Ce que je vous mets audacieusement au défi de faire, c'est d'opérer un grand changement, un changement qui vous permettra de libérer pleinement votre avantage concurrentiel déloyal dans le monde des affaires.

Pourquoi ce changement est-il « déloyal » ? Pourquoi s'agit-il d'un avantage concurrentiel unique ?

Parce qu'elle repose sur une seule et unique chose : de la conduite par le Quoi...

> N'aimez pas le monde ni les choses du monde. Si quelqu'un aime le monde, l'amour du Père n'est pas en lui. Car tout ce qui est dans le monde, la convoitise de la chair, la convoitise des yeux, l'orgueil de la vie, n'est pas du Père, mais du monde. (1 Jean 2 : 15-16)

... à la conduite par le Qui !

> Car tous ceux qui sont conduits par l'Esprit de Dieu sont fils de Dieu. (Rom. 8 : 14)

Guide pratique du chapitre 1

Quelles sont les trois principales manières par lesquelles vous êtes le plus souvent guidé dans votre entreprise ?

1.

2.

3.

Avez-vous déjà pensé que le fait d'être guidé par le Saint-Esprit dans les affaires constituait un « avantage concurrentiel déloyal » ? Pourquoi serait-ce un avantage si important pour vous et votre entreprise ?

Priez sur cette liste et demandez à Dieu de vous aider à savoir quand vous vous laissez guider par autre chose que son Saint-Esprit.

2

LE GRAND CHANGEMENT

Et moi, je prierai le Père, et il vous donnera un autre consolateur, afin qu'il demeure éternellement avec vous, l'Esprit de vérité, que le monde ne peut recevoir, parce qu'il ne le voit point et ne le connaît point ; mais vous, vous le connaissez, car il demeure avec vous et il sera en vous.

—Jean 14 : 16-17

POUR APPARTENIR AUX 2% (CROYANTS EN AFFAIRES GUIDÉS PAR LE Saint-Esprit), vous devez opérer un grand changement !

C'est un grand changement, un changement ÉNORME, que de passer de la direction du monde des affaires à la direction de l'Esprit de Dieu.

Je le sais. J'ai moi-même dû faire ce grand changement. Cela a été une transformation monumentale pour moi de passer d'une conduite par la tête, par l'argent, par l'innovation, par les opportunités, par les prix, par la pression, par les sentiments et par la fierté à une conduite totale et uniquement par l'Esprit.

C'est un changement que le monde (les chefs d'entreprise non croyants) ne comprend pas, non pas parce qu'ils en sont incapables, mais simplement parce qu'ils ne croient pas en Jésus. Ils ne peuvent pas bénéficier de l'avantage concurrentiel déloyal parce que l'Esprit de Dieu ne vit pas en eux.

Alors que vous entamez le grand virage, il est nécessaire de passer en revue les deux manières les plus fondamentales employées par Dieu pour vous guider.

> Il est écrit : « L'homme ne vivra pas seulement de pain, mais de toute parole qui sort de la bouche de Dieu ». (Matthieu 4 : 4).

> Celui qui écoute la parole avec sagesse trouvera le bien. (Prov. 16 : 20)

La première façon dont Dieu vous guide, c'est par sa Parole. Sa Parole parfaite et inaltérable enseigne, inspire, convainc, encourage, corrige et bien d'autres choses encore.

Tout commence par la Parole de Dieu.

> Car tous ceux qui sont conduits par l'Esprit de Dieu sont fils de Dieu. ... L'Esprit lui-même **rend témoignage à** notre esprit que nous sommes enfants de Dieu. (Rom 8 : 14, 16, italiques incluses)

Le deuxième moyen fondamental utilisé par Dieu pour vous guider est le Saint-Esprit. Ce passage mérite une étude détaillée et approfondie, bien au-delà de la durée et de l'objectif de ce livre.

Cependant, il est important de plonger rapidement dans une phrase essentielle à côté de Romains 8 : 16 : « L'Esprit lui-même *rend témoignage à* notre esprit... » Nous reviendrons souvent sur cette phrase dans la suite du livre. Voici pourquoi elle est si importante pour *le grand changement*.

Lorsque vous avez accepté Jésus et que vous êtes né de nouveau, votre esprit mort de naissance est né de nouveau. Maintenant, vous avez à la fois votre esprit renaissant et le Saint-Esprit de Dieu qui vit en vous. Votre esprit témoigne donc avec le Saint-Esprit qui est en vous.

L'expression « rend témoignage à » signifie littéralement que nous avons un guide vivant en nous, la présence de Dieu que nous pouvons invoquer, rechercher, demander, interroger et laisser nous guider à tout moment... n'importe où.

Pouvons-nous nous mettre d'accord sur un fait d'une importance capitale ? Lorsque vous recevez le Saint-Esprit, il est bien plus qu'une simple carte de sortie de secours. Malheureusement, des millions de croyants, dont un grand nombre sont dans les affaires aujourd'hui, pensent que tout ce que Dieu désire pour nous, c'est de nous sauver de l'enfer.

Même avec les centaines de listes, d'articles et d'études bibliques disponibles dans les églises, les librairies et sur Internet qui explorent les nombreuses façons dont le Saint-Esprit enseigne, guide, parle, protège et travaille à travers nous, très peu de croyants sont instruits au-delà du fait que le Saint-Esprit est leur billet aller simple pour le ciel.

Nous sommes encore moins nombreux à avoir été instruits, formés ou encouragés sur la manière d'être davantage guidés par l'Esprit dans nos entreprises et notre vie professionnelle.

Pourtant, l'Esprit est prêt, disposé et capable d'être votre guide dans toutes les facettes de votre vie professionnelle.

2.1. Est-Ce Possible ?

> *Le portier lui ouvre, et les brebis entendent sa voix ; il appelle*
> *ses brebis par leur nom, et il les conduit dehors. Quand il fait*
> *sortir ses brebis, il marche devant elles, et les brebis le suivent,*
> *parce qu'elles connaissent sa voix.*
>
> —Jean 10 : 3-4

Économie mondiale. Des clients exigeants. Pression incessante pour faire plus, produire plus et réduire les coûts.

Est-il possible d'être guidé par le Saint-Esprit dans le monde des affaires d'aujourd'hui ?

La réponse est un OUI sans appel !

C'est plus que possible, c'est à votre portée.

Toute la Bible regorge de récits d'hommes et de femmes qui ont été guidés par l'Esprit. L'Esprit a parlé à...

- Abraham pour se préparer à partir ;

- Moïse à partir d'un buisson pour se préparer à conduire le peuple hors d'Égypte ;

- Josué pour conquérir la Terre promise ;

- Néhémie pour reconstruire les murs de Jérusalem en un temps record ;

- Esther pour approcher le roi avec audace, au péril de sa vie ;

- Ruth pour s'accrocher au Dieu de Naomi et pour abandonner sa famille ;

- David pour vaincre Goliath et devenir un grand roi d'Israël ;

- Salomon pour diriger les Israélites avec sagesse ;

- Élie pour vaincre les faux prophètes de Baal ;

- Élisée pour demander avec audace une double portion de l'esprit d'Élie ;

- Jonas pour prêcher la parole et racheter une terre hostile ;

- Joseph et Marie pour se marier et pour donner naissance au Fils de Dieu conçu hors mariage ;

- Siméon et Anne pour être au temple au moment précis où Joseph présente Jésus ;

- Luc pour écrire l'Évangile qui porte son nom ;

- Pierre pour prêcher le premier sermon enregistré dans le Nouveau Testament, sauvant ainsi plus de 3 000 âmes ;

- Ananias pour aller voir Saul, l'ennemi des saints à Jérusalem ;

- Paul ... dans pratiquement tout ce qu'il a fait ;

- Jean pour écrire l'Apocalypse ;

- ...et tant d'autres !

Ce ne sont là que quelques-uns des centaines d'exemples bibliques d'hommes et de femmes guidés par l'Esprit de Dieu.

Le Fils de Dieu lui-même l'a dit,

> En vérité, je vous le dis, le Fils ne peut rien faire de lui-même, sinon ce qu'il voit faire au Père ; car tout ce qu'il fait, le Fils le fait aussi de la même manière. (Jean 5 : 19)

En toute franchise, puisque vous représentez 2%, vous n'êtes pas différent. C'est exactement le même Esprit qui vit en vous.

Est-il possible d'être guidé par le Saint-Esprit dans les affaires aujourd'hui ?

Oui, c'est possible. Il suffit d'avoir la foi comme une graine de moutarde (Matt. 17 : 20) pour opérer un grand changement !

2.2. Pourquoi Changer Pour Le Qui ?

Voici six bonnes raisons d'aller de l'avant et d'opérer le grand changement.

1 : Le Saint-Esprit connaît la pensée de Dieu.

Mais comme il est écrit : « L'œil n'a pas vu, l'oreille n'a pas entendu, et il n'est pas entré dans le cœur de l'homme ce que Dieu a préparé pour ceux qui l'aiment ». Mais Dieu nous les a révélées par son Esprit. Car l'Esprit sonde tout, même les profondeurs de Dieu. En effet, qui connaît les choses de l'homme, si ce n'est l'esprit de l'homme qui est en lui ? De même, personne ne connaît les choses de Dieu, si ce n'est l'Esprit de Dieu.

—1 Corinthiens 2 : 9-11

Beaucoup d'entre nous pensent qu'il est merveilleux d'assister à une conférence pour entendre un PDG mondialement connu ou des experts en affaires. Cela peut être une expérience formidable que de se mettre sous la tutelle d'un chef d'entreprise prospère et de profiter de sa sagesse et de son expérience. Il n'y a rien de mal en soi à écouter un expert en affaires. Ma mise en garde est de toujours filtrer tout ce qu'ils disent à travers la Parole de Dieu et le témoignage du Saint-Esprit qui vit en vous (nous y reviendrons plus tard).

Plutôt que de chercher un spécialiste humain à vos côtés pour trouver une solution à chaque situation d'affaires, défi, obstacle, opportunité ou décision qui se présente à vous, il vaut mieux chercher l'Esprit de Dieu à l'intérieur de vous.

Ouf ! Il n'y a pas de comparaison possible entre ces deux options.

Que nous puissions toujours rechercher d'abord la sagesse de Dieu, car Il veut que je gère mon entreprise plutôt que les idées de n'importe qui, chaque fois !

2 : Le Saint-Esprit nous donne gratuitement la sagesse de Dieu pour nos affaires.

Or nous, nous n'avons pas reçu l'esprit du monde, mais le Saint-Esprit qui vient de Dieu, afin que nous connaissions les choses que Dieu nous a données par sa grâce.

—1 Corinthiens 2 : 12

Dieu a déjà révélé au Saint-Esprit toute sa sagesse et tous ses plans pour vous et votre entreprise, même les choses que vous n'avez aucun moyen de comprendre dans votre tête. Le Saint-Esprit peut vous les révéler comme il le veut et comme vous le demandez.

De plus, les conseils du Saint-Esprit sont totalement gratuits ! Ses conseils vivent déjà en vous et rendent témoignage à votre Esprit. Tout ce que vous avez à faire, c'est de demander. (Nous reviendrons plus loin sur la manière de le faire).

3 : Le Saint-Esprit connaît toute la vérité.

Cependant, quand il sera venu, l'Esprit de vérité, il vous conduira dans toute la vérité ; car il ne parlera pas de lui-même, mais il dira tout ce qu'il aura entendu.

—Jean 16 : 13

Étant donné que vous faites partie des 2 %, vous avez déjà en vous le consultant le plus puissant que l'univers ait jamais connu. Vous pouvez être guidé par Sa vérité pour votre entreprise, vos employés et vos collègues, vos vendeurs et vos fournisseurs, vos clients et vos membres de la communauté ... toutes les personnes que votre entreprise affecte.

Le Saint-Esprit ne ment jamais, n'induit jamais en erreur, ne sous-estime jamais et n'omet jamais rien de ce que vous avez besoin de savoir. De plus, le fait d'être guidé par le Saint-Esprit vers la vérité vous rendra libre (Jean 8 : 32) de devenir tout ce que Dieu souhaite pour votre entreprise.

4 : Le Saint-Esprit connaît l'avenir de votre entreprise.

...et il vous annoncera les choses à venir.

—Jean 16 : 13b

Que vient de dire Jean ? Le Saint-Esprit me dira « les choses à venir ? »

Imaginez que vous ayez un consultant à votre disposition toute la journée, tous les jours, qui sait déjà tout ce que vous allez affronter dans votre entreprise aujourd'hui, demain et pour toujours.

Waouh !

Cela ne signifie pas que le Saint-Esprit vous enverra par SMS ou par e-mail tout ce que vous devez savoir ou faire chaque matin. Cependant, il vous guidera et vous conduira, dans le respect de son calendrier, un pas après l'autre, sur le chemin que vous devez emprunter pour accomplir son dessein pour votre entreprise.

Parfois, les instructions de Dieu par l'intermédiaire du Saint-Esprit n'ont aucun sens logique, comme par exemple :

- Sacrifie ton fils sur la montagne. (Genèse 22 : 9)

- Faites le tour de la ville pendant sept jours en sonnant de la trompette et les murs s'écrouleront. (Josué 6 : 3-4)

- Plongez-vous sept fois dans une rivière boueuse pour vous débarrasser de la lèpre. (2 Rois 5 : 10)

- Se frotter les yeux avec de la salive et de la boue pour retrouver la vue. (Marc 8 : 23)

Dans de nombreux cas, ce que le Saint-Esprit a dit de faire n'avait aucun sens. Pourtant, ceux qui étaient prêts à suivre l'Esprit ont toujours triomphé, ont toujours gagné et ont toujours été bénis.

5 : Le Saint-Esprit vous conduit à l'abondance.

Heureux le fruit de tes entrailles, le fruit de ton sol, l'augmentation de tes troupeaux, l'accroissement de ton bétail et les portées de ton troupeau. Heureux ta corbeille et ta huche ! Tu seras béni à ton arrivée, et tu seras béni à ton départ.

—Deutéronome 28 : 4-6

Et le Seigneur t'accordera l'abondance des biens, du fruit de tes entrailles, de l'augmentation de ton bétail et du fruit de ton sol, dans le pays que le Seigneur a promis par serment à tes pères de te donner. Le Seigneur t'ouvrira son bon trésor, les cieux, pour donner à ton pays la pluie en son temps, et pour bénir tout le travail de tes mains. Tu prêteras à de nombreuses nations, mais tu n'emprunteras pas.

—Deutéronome 28 : 11-12

Dieu est un Dieu d'abondance, de croissance... et non de rareté ou de déclin. Son désir est de bénir ses enfants.

Le Saint-Esprit vous guidera uniquement vers le meilleur chemin, les meilleurs employés, les meilleurs clients et les meilleures opportunités. Il vous éloignera des pertes financières, des mauvaises affaires et des mauvais partenariats ou alliances.

Le Saint-Esprit ne vous emmènera jamais sur une mauvaise route où vous ou votre entreprise pourriez être ruinés (à moins qu'il ne vous sauve de quelque chose de pire que vous ne voyez pas !)

Se laisser guider par le Saint-Esprit dans les affaires est le meilleur moyen de vivre dans Son abondance.

6 : Le Saint-Esprit est votre premier conseiller, consultant et entraîneur.

> *Confie-toi à l'Éternel de tout ton cœur, et ne t'appuie pas sur ta propre intelligence ; Dans toutes tes voies, reconnais-le, et il dirigera tes sentiers.*

> —Proverbes 3 : 5-6

Lorsque vous décidez de changer (et je sens que vous avez déjà pris votre décision), le Saint-Esprit vous dira quand vous devez...

- Partir
- Rester
- Arrêter
- Construire
- Investir
- Organiser
- Éviter
- Reporter
- Attendre
- Développer
- Déplacer
- Préparer
- Embaucher
- Tirer
- Acheter
- Vendre
- Courir !

Le Saint-Esprit est et devrait toujours être votre premier conseiller, consultant et coach en affaires.

2.3. VOTRE VERITABLE ENNEMI

Le voleur ne vient que pour voler, tuer et détruire.

—Jean 10 : 10a

Votre véritable ennemi au travail n'est pas vos concurrents, vos fournisseurs, vos banques ou vos employés.

Votre véritable ennemi n'est pas les conditions du marché, la concurrence mondiale ou le manque de liquidités.

Votre véritable ennemi, c'est Satan !

C'est lui qui fera tout ce qu'il peut pour vous vaincre, vous détourner et vous empêcher d'être guidé par la voix de Dieu à travers son lien direct avec vous, le Saint-Esprit.

Satan veut désespérément que tu sois guidé par le monde, par ce qu'il contrôle (Eph. 2 : 2).

Dieu veut désespérément que vous soyez guidé par son Esprit, par ce qu'il contrôle (Romains 8 : 14-16).

> « Car ce n'est pas contre la chair et le sang que nous luttons, mais contre les principautés, contre les pouvoirs, contre les dominateurs des ténèbres de ce siècle, contre les hôtes spirituels de la méchanceté dans les lieux célestes ». (Eph. 6 : 12)

Il est temps de porter votre attention sur la véritable bataille à laquelle vous êtes confronté dans le monde des affaires.

C'est la même bataille que celle à laquelle vous êtes confronté à la maison : la bataille du bien contre le mal, du bon contre le mauvais.

Il est temps de rappeler à l'ennemi qu'il a déjà perdu, qu'il a été vaincu il y a 2 000 ans à la croix.

Il est temps de lui dire qu'il ne vous contrôle pas et qu'il ne vous influence pas dans vos affaires, car vous êtes maintenant guidé par le Saint-Esprit.

Il est temps de lui dire qu'au nom de Jésus, il doit s'enfuir (Jacques 4 : 7) !

2.4. Votre Plus Grande Decision Professionnelle Jamais Prise

Et ne vous conformez pas au monde présent, mais soyez transformés par le renouvellement de votre intelligence, afin que vous découvriez quelle est la volonté de Dieu, bonne, agréable et parfaite.

—Romains 12 : 2

La plus grande décision professionnelle que vous puissiez prendre est de devenir un dirigeant guidé par le Saint-Esprit.

Aucune autre décision professionnelle que vous prendrez ne pourra...

- Exciter et animer votre esprit à un niveau plus élevé.

- Être plus difficile à mettre en œuvre et à intégrer dans votre vie quotidienne.

- Libérer une plus grande puissance spirituelle au sein de votre organisation.

- Être plus incomprise, voire bafouée, par la famille, les amis, les employés et les clients.

- Obtenir de plus grandes récompenses terrestres et éternelles.

- Être combattu plus durement par l'ennemi et son armée.

Comparée à toutes les autres décisions que vous prendrez, celle-ci se situe au-dessus de toutes les autres.

Elle a même des conséquences sur ce que Jésus témoignera pour votre défense devant le Père au jour du jugement.

La question est la suivante : « Serez-vous un dirigeant guidé par l'Esprit ou continuerez-vous à être un dirigeant guidé par le monde ? »

Je sais que vous avez déjà pris votre décision. Mon esprit sent que vous êtes prêts à faire le grand changement.

Mais avant de le faire, vous devez vous préparer aux inévitables obstacles qui se dressent devant vous.

Guide pratique du chapitre 2

Croyez-vous qu'il soit possible d'être pleinement guidé par le Saint-Esprit dans vos affaires dans votre pays ? Pourquoi ou pourquoi pas ?

Quel est, selon vous, le plus grand défi à relever pour passer à une conduite totale par le Saint-Esprit dans les affaires ?

De quelle manière pensez-vous que Satan a un impact sur votre entreprise ?

Dressez une liste des manières dont le fait d'être dirigé par le Saint-Esprit peut vous aider à surmonter les tentatives de Satan de tuer, voler et détruire votre entreprise.

3

LES OBSTACLES

*Nous sommes pressés de toutes parts, mais non pas abattus ;
nous sommes perplexes, mais pas désespérés ; persécutés, mais
pas abandonnés ; abattus, mais pas détruits.*

—2 Corinthiens 4 : 8-9

PAUL CONNAISSAIT LES ÉPREUVES AUXQUELLES IL SERAIT confronté pour avoir prêché l'évangile. Pourtant, ces épreuves ne l'ont pas dissuadé de répondre à l'appel du Seigneur.

Suis-je en train de suggérer que vous allez affronter les coups, l'emprisonnement, les naufrages et bien d'autres choses encore en prenant ce grand virage ? Non, mais c'est possible. Plusieurs d'entre vous qui lisez cette édition mondiale vivent dans des pays où les chrétiens sont sévèrement persécutés dans tous les aspects de la vie. Il arrive que nous soyons confrontés à de sérieux obstacles lorsque nous nous efforçons de devenir des hommes d'affaires guidés par l'Esprit.

Lorsque le Seigneur m'a appelé à quitter mon entreprise à but lucratif de conférences et de conseils et à lancer un ministère d'entreprise basé sur la foi, croyez-moi ... il y avait des défis à relever, même ici aux États-Unis.

De nombreuses entreprises de conférenciers professionnels qui m'avaient engagé pendant des années, lorsqu'elles ont appris que je faisais des affaires en tant que chrétien, m'ont laissé tomber comme si j'avais la lèpre.

Les potentiels clients s'enfuyaient de peur que je ne vienne essayer d'évangéliser ou de convertir leurs employés en chrétiens.

Mon nouveau marché cible, les autres personnes appartenant aux 2% comme vous, ne me connaissaient pas en tant que croyant dans le monde des affaires avec un message nouveau et original.

Jusqu'alors, tous mes discours, livres, supports de formation, blogs et tout ce que j'avais créé au cours des 20 dernières années étaient laïques (sans composante religieuse), même si j'y injectais parfois un soupçon de la Parole lorsque c'était approprié.

J'ai dû repartir de zéro en tant que conseiller de 57 ans ayant une entreprise à domicile.

Une partie de mon témoignage est que, même si j'ai dû me battre pour survivre pendant les quelques années qui ont suivi, Dieu a subvenu à tous nos besoins. Nous n'avons jamais manqué un paiement hypothécaire, un repas, les frais de scolarité de notre fils ou quoi que ce soit d'autre dont nous avions besoin (Phil. 4 : 19).

Oui, même pour moi, après avoir fait le Grand Changement, j'ai dû faire face à de nombreux nouveaux obstacles. Il en sera de même pour vous.

Voici quelques-uns des principaux obstacles auxquels j'ai dû faire face, et dont beaucoup sont susceptibles de se présenter à vous ou se sont déjà présentés à vous.

Mais soyez rassuré. À la fin de ce chapitre, je vous parlerai d'une clé que j'ai apprise et qui m'a aidé à surmonter mes obstacles pour devenir un chef d'entreprise guidé par l'Esprit.

3.1. CE N'EST PAS NORMAL

L'homme naturel ne reçoit pas les choses de l'Esprit de Dieu,
car elles sont pour lui une folie, et il ne peut les connaître,

parce que c'est spirituellement qu'on les juge. L'homme spirituel, au contraire, juge de tout, mais il n'est lui-même bien jugé par personne. Car « qui a connu la pensée du Seigneur pour l'instruire ? » Mais nous, nous avons la pensée du Christ.

—1 Corinthiens 2 : 14-16

Vous et moi avons probablement appris à faire des affaires d'une certaine manière : la manière naturelle du monde et non du royaume.

Nous avons probablement été instruits ou encadrés par des hommes ou des femmes sur la façon de faire des affaires dans le monde...

- Prendre des décisions (guidé par la tête)

- Évaluer les risques positifs et négatifs (guidé par les opportunités)

- Augmenter les bénéfices et réduire les coûts (guidé par l'argent)

- Mettre en place les derniers systèmes et logiciels permettant d'accroître la productivité (guidé par l'innovation)

- Intégrer la dernière idée commerciale (guidé par l'expert)

- Prendre des décisions rapides (guidé par la pression)

Après de nombreuses années, voire des décennies de lavage de cerveau, il n'est pas naturel de prendre du recul et de demander au Saint-Esprit de nous montrer la meilleure voie à suivre.

Même un changement positif (comme le Grand Changement) nous semble d'abord très peu naturel parce que c'est quelque chose que nous n'avons jamais fait auparavant.

Ce n'est pas grave. Une fois que vous aurez commencé et que vous verrez le succès et même des résultats surnaturels, le fait d'être guidé par l'Esprit deviendra votre façon naturelle de travailler.

3.2. Ce N'est Pas Évident

Mais Marthe, occupée à servir, s'approcha de lui et dit : « Seigneur, ne t'inquiètes-tu pas que ma sœur me laisse seule pour servir ? Dis-lui donc de m'aider ».

—Luc 10 : 40

Examinons un instant le point de vue de Marthe.

Pour Marthe, il était évident qu'il était urgent de préparer le repas pour tous les invités. Une grande foule. Jésus enseigne. Les gens ont faim.

Il doit y avoir un grand repas prêt pour tout le monde lorsqu'il aura fini d'enseigner... n'est-ce pas ? Pourquoi personne d'autre ne voit-il l'évidence ? Surtout ma sœur paresseuse, Marie, qui devrait aider dès le début, mais qui reste assise, perd son temps à écouter Jésus alors qu'il y a du travail à faire ! Elle devrait le savoir !

Marthe est même allée jusqu'à interrompre l'enseignement de Jésus et lui a dit de dire à Marie d'aller à la cuisine et d'aider.

Imaginez que vous ayez l'audace d'interrompre l'enseignement de Jésus, d'appeler Marie devant une foule nombreuse, puis de demander à Jésus (parce qu'il serait évidemment d'accord avec moi) de dire à Marie ce qu'elle doit faire... de se lever et d'aider à préparer le repas !

C'est tellement évident... n'est-ce pas ?

Il est facile de se laisser guider par ce qui semble évident plutôt que de se laisser conduire par le Saint-Esprit vers ce qui ne l'est peut-être pas.

Il peut sembler évident pour nous qui faisons des affaires à la manière du monde, de...

- Prolonger de quelques jours le paiement d'un fournisseur pour améliorer votre trésorerie actuelle
- Licencier cet employé qui arrive toujours en retard au travail
- S'implanter dans ce village ou cette ville qui a tant de potentiel
- Mettre fin au contrat d'un fournisseur de longue date pour en trouver un nouveau qui propose un prix plus bas
- Abandonner ou supprimer le budget de formation en cas de réductions budgétaires.

Être guidé par le Saint-Esprit dans les affaires n'est pas toujours la chose la plus évidente à faire. Vous devez apprendre à discerner par l'Esprit les voies du royaume qui ne sont pas si évidentes.

Nous y reviendrons plus tard.

3.3. CE N'EST PAS POPULAIRE

Ses disciples s'approchèrent et lui dirent : « Sais-tu que les pharisiens ont été scandalisés en entendant cette parole ? »

—Matthieu 15 : 12

Alors ils poussèrent de grands cris, se bouchèrent les oreilles, et se précipitèrent tous ensemble sur lui ; ils le chassèrent de la ville, et le lapidèrent. Les témoins déposèrent leurs vêtements aux pieds d'un jeune homme nommé Saul.

—Actes 7 : 57-58

Les Juifs de Thessalonique, ayant appris que la parole de Dieu était prêchée par Paul à Bérée, y vinrent aussi et soulevèrent les foules.

—Actes 17 : 13

Ces versets plutôt dramatiques soulignent avec force une vérité crue : tout le monde n'acceptera pas votre révélation d'être guidé par le Saint-Esprit dans les affaires à bras ouverts et avec des cris d'Alléluia !

Beaucoup, si ce n'est la plupart, auront du mal à comprendre votre révélation sur votre nouvel avantage déloyal.

Certains pourraient même vous mépriser. Oui, être guidé par le Saint-Esprit dans les affaires peut être si peu populaire qu'il est courant d'entendre l'insulte habituelle : « Ils pensent qu'ils entendent Dieu parler !"

Mais n'est-ce pas justement le but recherché ?

La Bible est une longue et puissante histoire de personnes qui ont entendu Dieu parler : Adam, Abraham, Moïse, Joseph, Samuel, David, Salomon, Jérémie, Isaïe, Élisée, tous les apôtres et, surtout, Jésus lui-même.

Accepter notre avantage déloyal dans les affaires n'est peut-être pas très populaire, mais considérez-vous en merveilleuse compagnie, même si des sceptiques ou des moqueurs se présentent à vous.

3.4. Vous N'etes Pas Sur Que Votre Foi Est Suffisamment Forte

Jésus lui dit : « Si tu peux croire, tout est possible à celui qui croit ». Aussitôt le père de l'enfant s'écria et dit en pleurant : « Seigneur, je crois ; aide mon incrédulité ».

—Marc 9 : 23-24

Veillez et priez, afin de ne pas entrer en tentation. L'esprit est bien disposé, mais la chair est faible.

—Matthieu 26 : 41

Mais j'ai prié pour vous, afin que votre foi ne soit pas ébranlée ; et quand vous serez revenus à moi, fortifiez vos frères.

—Luc 22 : 32

Cet obstacle peut être le plus difficile à franchir.

Parfois, vous vous interrogez sur la profondeur de votre foi, vous demandant si vous êtes assez fort pour endurer. Vous pouvez commencer à vous comparer aux grands spirituels de la Bible, de Caleb à Paul, et penser immédiatement que vous n'êtes pas à la hauteur... que votre foi n'est pas assez solide pour réussir.

C'est aussi l'un des principaux obstacles que l'ennemi aime vous lancer. Satan a même eu l'audace de lancer cette accusation à Jésus (voir Matthieu 4 : 3, 5, 8).

Que faut-il pour avoir une foi suffisante ?

> Le Seigneur a dit : « Si tu as de la foi comme une graine de moutarde, tu pourras dire à ce mûrier : Arrache-toi par les racines et plante-toi dans la mer, et il t'obéira ». (Luc 17 : 6)

Votre foi par le salut vous a amené à une relation éternelle avec Jésus, une promesse de vivre avec lui pour toujours dans le ciel.

Votre foi est donc certainement assez forte (même comme une graine de moutarde) pour être un chef d'entreprise guidé par l'Esprit.

3.5. PEUR DE SE TROMPER

*Pierre se souvint de la parole de Jésus qui lui avait dit : «
Avant que le coq chante, tu me renieras trois fois ». Il sortit et
pleura très fort.*

—Matthieu 26 : 75

Êtes-vous un être humain ? Moi aussi. Cela signifie qu'il nous est
arrivé de ne pas atteindre la gloire de Dieu (Romains 3 : 23).

Alors que vous entamez ce nouveau voyage, il est probable que
vous fassiez quelques erreurs en cours de route. Mais même si vous
commettez des erreurs, souvenez-vous que vous êtes pardonné.

Si nous confessons nos péchés, il est fidèle et juste
pour nous pardonner nos péchés et nous purifier de
toute iniquité. (1 Jean 1 : 9)

Lorsque vous êtes guidé par le Saint-Esprit dans vos affaires, il
se peut que vous passiez à côté, mais continuez à avancer. Et en
continuant, vous ferez de moins en moins d'erreurs à mesure que sa
puissance grandira en vous.

La raison pour laquelle nous continuons à nous tromper est que
nous écoutons le mauvais canal spirituel !

En apprenant à entendre sa voix plus clairement, vous ne
manquerez que rarement ce qu'il vous dit pour votre croissance et
celle de votre entreprise.

Ne laissez pas la peur de vous tromper parfois vous empêcher
de poursuivre passionnément votre voyage pour être guidé par le
Saint-Esprit.

3.6. TU COMMENCES FORT MAIS TU T'AFFAIBLIS

*Il dit : « Viens ». Pierre, descendu de la barque, marcha sur
l'eau pour aller vers Jésus. Voyant que le vent soufflait avec
violence, il eut peur et, comme il commençait à couler, il*

s'écria : « Seigneur, sauve-moi ! » Aussitôt, Jésus tendit la main, le saisit et lui dit : « Homme de peu de foi, pourquoi as-tu douté ? » Lorsqu'ils furent montés dans la barque, le vent cessa.

—Matthieu 14 : 29-32

Dans la Bible, deux personnes ont marché sur l'eau : Jésus et Pierre.

Pierre a bien commencé. Il est sorti de la barque avec foi, a regardé Jésus et l'a écouté. Il n'a pas prêté attention à ce qui l'entourait : l'eau déchaînée, le vent et les vagues.

Pierre a bien commencé, mais il s'est rapidement découragé lorsqu'il a détourné les yeux de Jésus.

Il est facile de commencer une nouvelle aventure commerciale passionnante. Il est particulièrement excitant, en tant que personne appartenant aux 2%, de commencer une nouvelle aventure commerciale passionnante avec le Seigneur.

Mais une fois que vous vous engagez pleinement à être un dirigeant guidé par le Saint-Esprit, il n'y a plus de retour en arrière possible. Pourquoi ? Une fois que vous vous êtes engagé, Jésus s'attend à ce que vous alliez jusqu'au bout.

Le fait d'être guidé par le Saint-Esprit dans les affaires exige que vous vous engagiez pleinement à rester dans la course jusqu'à la fin. Comme l'a dit Paul,

> ...afin *d'achever avec joie ma course* et le ministère que j'ai reçu du Seigneur Jésus, pour rendre témoignage à l'Évangile de la grâce de Dieu. (Actes 20 : 24b, italiques y compris)

L'un de mes héros dans la foi est Caleb. Son histoire m'enthousiasme chaque fois que je la lis et l'étudie.

Il avait 40 ans lorsque Josué et lui ont essayé de convaincre les Israélites d'entrer et de prendre la terre promise (Nombres 14 : 7). Seuls Josué et lui ont survécu aux 40 années passées dans le désert, car Caleb avait un esprit différent (Nombres 14 : 24).

À 80 ans, il a aidé Josué à conduire les armées des Israélites dans la Terre promise et à conquérir royaume après royaume. Puis, après 45 ans d'attente, lorsque Dieu a demandé à Josué de partager les terres, il a offert à Caleb toutes les terres qu'il voulait.

La réponse de Caleb est un exemple éclatant d'un départ fort et d'une persévérance sans faille :

> « Et maintenant, voici que le Seigneur m'a gardé en vie, comme il l'avait dit, depuis quarante-cinq ans, depuis que le Seigneur a dit cette parole à Moïse, tandis qu'Israël errait dans le désert ; et me voici aujourd'hui âgé de quatre-vingt-cinq ans. *Je suis aussi fort aujourd'hui que le jour où Moïse m'a envoyé* ; comme j'étais fort alors, je suis fort aujourd'hui pour la guerre, pour les sorties et pour les entrées. Maintenant, *donnez-moi cette montagne* dont l'Éternel a parlé en ce jour ; car vous avez appris en ce jour que les Anakim s'y trouvaient, et que les villes étaient grandes et fortifiées. Il se peut que l'Éternel soit avec moi, et que je puisse les chasser comme l'Éternel l'a dit ». (Josué 14 : 10-12, italiques y compris)

À 85 ans, Caleb voulait le même pays rempli de géants que craignaient les dix autres espions (qui ont causé les 40 années d'errance dans le désert).

Caleb est le genre d'homme que je souhaite être dans les affaires et dans la vie.

C'est le modèle que je veux imiter !

Caleb est un exemple phénoménal de la façon de commencer avec force, de rester fort et de ne pas se décourager.

Ma carrière professionnelle est loin d'être terminée. Comme vous, lorsque j'ai pris la décision de me laisser guider par l'Esprit, j'ai commencé très fort. Les pressions, les incertitudes, les opportunités d'affaires perdues et même ma chair ont essayé d'entrer dans mon esprit avec des doutes, de l'incertitude et du découragement.

Mais j'ai choisi de ne pas être comme Pierre et de ne pas détourner le regard. J'ai choisi de garder les yeux sur Jésus et d'écouter son Esprit.

J'ai choisi de terminer ma course comme Paul.

J'ai décidé de commencer fort, de rester fort et de ne pas faiblir... comme Caleb !

Ma prière est que vous deveniez de plus en plus fort dans votre carrière professionnelle guidée par l'Esprit.

3.7. Vous Ne Savez Pas Comment Faire

Alors, tremblant et étonné, il dit : « Seigneur, que veux-tu que je fasse ? » Le Seigneur lui dit : « Lève-toi, va à la ville, et l'on te dira ce que tu dois faire ».

—Actes 9 : 6

Paul ne savait pas comment utiliser son nouvel avantage déloyal dans son ministère. Il a dû apprendre à l'utiliser.

Lorsque j'ai commencé mon voyage pour devenir un homme d'affaires guidé par le Saint-Esprit, je ne savais pas quoi faire. Tout comme Paul, j'ai dû apprendre ce qu'il fallait faire et comment le faire.

Je ne prétendrai jamais avoir toutes les réponses sur la manière d'être pleinement guidé par l'Esprit dans les affaires.

Mais je peux vous apprendre de mon expérience ce que j'ai appris jusqu'à présent.

C'est la raison pour laquelle vous lisez ou écoutez ce livre.

Le Saint-Esprit m'a dit d'écrire ce livre pour vous apprendre ce qu'il m'a appris ! J'apprenais tout juste à me laisser guider par Lui.

Il m'a dit : « C'est EXACTEMENT pour cela que je veux que tu écrives ce livre pour apprendre à Mes gens ce que je t'ai appris à propos du fait de Me laisser te guider dans les affaires ».

Vous avez déjà lu ou entendu une partie de ce que j'ai appris.

Alors, continuons !

3.8. UNE CLE POUR SURMONTER VOS BLOCAGES

Obstacle (n) : quelque chose qui arrête le progrès ou empêche d'atteindre un objectif.

Bien qu'il soit important de reconnaître les potentiels obstacles auxquels vous pouvez être confronté lorsque vous passez du statut de chef d'entreprise guidé par le monde à celui de chef d'entreprise guidé par l'Esprit, il est encore plus important de savoir comment les surmonter.

L'ennemi met le plus souvent des bâtons dans les roues pour empêcher la libération du Saint-Esprit dans votre entreprise. Il utilisera tout ce qu'il a dans son arsenal pour semer de petits, de grands et même d'énormes obstacles sur la route. Il continuera à vous rappeler les sept obstacles dont nous avons parlé et peut-être quelques autres pour son plaisir sournois.

Attendez-vous à cela.

Rappelez-vous que ses obstacles sont le plus souvent temporaires (à moins que vous ne leur permettiez de devenir permanents) et inutiles (votre route est toujours praticable).

Il fera tout ce qu'il peut pour vous forcer à revenir dans son jeu, à faire des affaires selon ses règles.

L'une des clés que j'ai apprises pour surmonter ces obstacles est, tout d'abord, de mémoriser ce puissant verset :

> Ne vous conformez pas au monde présent, mais soyez transformés par le renouvellement de votre intelligence, afin que vous puissiez découvrir quelle est la volonté de Dieu, ce qui est bon, agréable et parfait. (Rom. 12 : 2)

Ensuite, je le reformule avec mes propres mots ... quelque chose comme suit :

> Je ne me conforme pas aux méthodes commerciales de ce monde, mais je suis transformé par le renouvellement de mon esprit par le Saint-Esprit, afin de guider et de vivre selon cette bonne, acceptable et parfaite volonté de Dieu dans mon entreprise.

La clé ? Renouveler son esprit !

La bataille commence dans votre esprit. Elle commence par la volonté ou non d'être transformé en tout ce que Dieu veut que vous soyez dans les affaires par la puissance du Saint-Esprit.

La bataille se termine lorsque vous apprenez à déchaîner le Saint-Esprit dans votre entreprise.

Prochaine étape : préparons-nous à libérer la puissance du Saint-Esprit dans votre entreprise !

Guide pratique du chapitre 3

Parmi les sept obstacles, quels sont les trois que vous avez le plus de mal à surmonter ? Pourquoi constituent-ils un défi pour vous ?

1.

2.

3.

Quel est votre plan ou les actions que vous devez entreprendre pour surmonter ces défis ?

Qu'est-ce que Romains 12 : 2 signifie pour vous dans votre défi de surmonter vos obstacles ?

4

COMMENT PREPARER ?

Prépare ton travail à l'extérieur, Fais-toi une place dans les champs, Et ensuite bâtis ta maison.

—Proverbes 24 : 27

S E PRÉPARER SIGNIFIE...

- Se préparer à quelque chose que l'on va faire, à quelque chose que l'on s'attend à voir se produire

- Se préparer à l'avance à un but, à un usage ou à une activité

- Se mettre dans un état d'esprit adéquat

- Planifier à l'avance

- Être prêt(e)

J'ai commencé à faire du sport à l'âge de six ans. Du baseball au basket-ball en passant par le golf, j'ai vite compris qu'il ne suffisait pas de se présenter aux matchs pour être un bon joueur. Je devais investir du temps, de l'énergie et des efforts pour me préparer correctement si je voulais avoir une chance de faire partie de l'équipe ou de participer au match.

Lorsque j'ai commencé à jouer au golf, je me souviens avec émotion de l'excitation initiale lorsque mon père m'a acheté ma première série de clubs : un driver, un fer 5, un fer 9 et un putter. Je me suis dit que j'allais ressembler à mon premier héros sportif, Sam Snead ! Mais je n'avais aucune idée de la façon dont je devais me préparer à jouer mon premier tour.

Mon père m'a gentiment et spécifiquement appris comment tenir le club, la bonne trajectoire du swing, comment viser et se concentrer, et comment aller jusqu'au bout. En tant qu'ancien joueur de baseball semi-professionnel, il savait à quel point il était important de se préparer correctement et il a fait un travail magistral pour faire naître mon amour du jeu. (Aujourd'hui, je joue avec un handicap de 11, je suis donc ouvert à votre invitation à tout moment).

En grandissant, j'ai réalisé encore plus profondément l'absolue nécessité d'une préparation ciblée et intense pour exceller dans le sport et dans la vie.

Il en va de même pour vous, alors que vous vous apprêtez à libérer la puissance du Saint-Esprit dans votre entreprise.

Vous devez vous préparer.

Vous devez investir le temps et l'énergie nécessaires pour préparer votre esprit à la prochaine étape de votre voyage.

Voici cinq domaines dans lesquels vous devez vous préparer à libérer la puissance du Saint-Esprit dans votre entreprise.

4.1. C'est Plus Qu'une Priere

Après être arrivés en Mysie, ils voulurent entrer en Bithynie, mais l'Esprit ne le leur permit pas.

—Actes 16 : 7

Êtes-vous un peu choqué par le titre de cette section ? Comment une chose peut-elle être plus que la prière ? La prière n'est-elle pas la chose la plus importante que nous faisons en tant que croyants ?

Comprenez bien que je ne minimise en aucune façon le pouvoir de la prière ! Tout ce qui concerne la façon dont l'Esprit nous guide dans les affaires commence par la prière. La prière n'est pas et ne doit jamais être considérée comme une stratégie d'affaire spirituelle de second ordre.

Comprenez également que le fait d'être pleinement guidé par l'Esprit de Dieu dans les affaires ne se résume pas à la prière. Pourquoi ?

Dans de nombreux cas, même avec des personnes pleinement engagées, la prière est une activité programmée à l'avance, une activité de calendrier... simplement une autre activité à faire sur la liste des activités quotidiennes. La prière pour votre entreprise devient : « Bon, il est 6h45... c'est le moment de prier quelques minutes ». Cochez la case.

De même, la prière pour votre entreprise devient souvent : « Oh non, j'ai oublié... je dois faire quelques prières avant d'aller au travail ».

Dans le pire des cas, la prière devient une stratégie désespérée de dernière minute, du type « Dieu, s'il te plaît, sauve notre entreprise ».

Oui, je lève ma main et je confesse avoir fait ces trois choses. Et vous ?

Même si vous et votre équipe investissez beaucoup de temps, d'énergie et de foi dans un temps de prière ciblé (et vous devriez le faire), la prière seule ne suffit pas à libérer toute la puissance de notre avantage concurrentiel déloyal au travail.

Pour se préparer à libérer son avantage concurrentiel déloyal, il faut plus que la prière : il faut une conscience spirituelle totale !

Être conscient de l'existence de l'Esprit

Le Saint-Esprit est toujours à l'œuvre en vous et autour de vous, de manière discrète ou flagrante. Toujours.

Il existe deux niveaux principaux de conscience spirituelle lorsque vous vous préparez à libérer votre avantage concurrentiel déloyal.

Niveau 1 : Conscience spirituelle personnelle

La conscience spirituelle commence par un examen intentionnel de la manière dont le Saint-Esprit agit en vous. Vous pouvez commencer votre prise de conscience personnelle en répondant à des questions telles que...

- Qu'est-ce que le Saint-Esprit me dit aujourd'hui ?

- À qui le Saint-Esprit me demande-t-il de tendre la main aujourd'hui ?

- Qu'est-ce que je sens que le Saint-Esprit me demande de faire à l'avenir ?

Prenez 15 minutes MAINTENANT pour écrire vos réponses à ces questions. Méditez-les dans un endroit calme. Pourquoi maintenant ? C'est la première étape importante de votre préparation... pour affiner votre conscience spirituelle personnelle afin d'entendre ce que le Saint-Esprit vous dit maintenant.

Imprimez cette page et écrivez vos idées.

Qu'est-ce que le Saint-Esprit me dit aujourd'hui ?

À qui le Saint-Esprit me demande-t-il de tendre la main aujourd'hui ?

Qu'est-ce que je sens que le Saint-Esprit me pousse à faire à l'avenir ?

Posez-vous ces trois questions chaque jour. Ce faisant, vous deviendrez rapidement plus attentif à votre conscience spirituelle personnelle.

Niveau 2 : Conscience spirituelle de l'entreprise

À mesure que vous développez et affinez votre conscience spirituelle personnelle, vous pouvez vous concentrer sur la conscience spirituelle de votre entreprise.

Voici un exemple personnel. Il y a quelques années, j'ai été invité à rencontrer un homme d'affaires appartenant aux 2% qui loue l'étage d'un grand immeuble de bureaux, puis sous-loue son espace superflu à d'autres entreprises chrétiennes. Lors de ma première visite de ses bureaux, j'ai senti un mauvais esprit envahissant. Je lui ai demandé qui était le précédent locataire de ces bureaux. Il m'a répondu qu'il s'agissait d'un grand bureau de Planned Parenthood, une organisation américaine qui promeut ouvertement l'avortement des bébés. Nous avons rapidement commencé à prier, à oindre les bureaux et à éliminer les mauvais esprits autour de ces espaces.

Il m'a fallu des années de pratique du Niveau 1 : Conscience spirituelle personnelle avant d'apprendre à l'appliquer au Niveau 2 : Conscience spirituelle de l'entreprise.

Voici comment vous pouvez raccourcir votre courbe d'apprentissage sur la manière de vous préparer à être pleinement guidé par l'Esprit Saint.

Encore une fois, voici quelques questions qui m'ont aidé à devenir plus conscient sur la manière dont le Saint-Esprit se déplace à l'intérieur et à travers mon entreprise. Je vous demande de prendre 15 minutes MAINTENANT pour noter vos idées sur ces questions spirituelles relatives à l'entreprise intentionnelle.

Où est-ce que je sens le Saint-Esprit agir dans mon entreprise ?

Comment le Saint-Esprit agit-il dans cette situation actuelle ?

Qui, dans et autour de mon entreprise, est guidé par le Saint-Esprit ?

Collègues - directeurs, superviseurs, personnel de terrain et personnel occasionnel

Clients - locaux, nationaux, mondiaux

Clients - vendeurs, fournisseurs, conseil d'administration, partisans qui ne sont pas des clients

Communauté - régions géographiques que nous servons

Dans quelles activités, projets, communications ou relations d'affaires dois-je être davantage guidé par l'Esprit ?

Le résultat

Avec le temps, vous deviendrez de plus en plus déterminé à rechercher une plus grande conscience spirituelle personnelle et professionnelle pour vous et votre entreprise. Si vous avez lu ce livre jusqu'ici, c'est que Dieu est déjà à l'œuvre pour vous permettre de vous connecter encore plus avec Lui.

Souvent, après mes temps de prière intentionnelle, je pleure littéralement de joie parce que je vois comment Il influence ceux qui m'entourent pour Sa gloire et me permet de faire partie de Son plan !

Honnêtement, mes méditations spirituelles personnelles et professionnelles ont revitalisé mon engagement envers l'impact sur le royaume plus que toute autre chose que je fais.

Grâce à elles, je sais que je sais que je sais que rien ne peut m'arrêter !

Vous voyez, c'est plus que de la prière. Beaucoup plus !

Lorsque vous combinez la prière à une prise de conscience spirituelle personnelle et professionnelle intentionnelle, vous faites le premier pas pour vous préparer à libérer votre avantage concurrentiel déloyal !

4.2. C'est Plus Qu'une Voix

C'est ainsi que [Siméon] entra dans le temple grâce à l'Esprit. Lorsque les parents apportèrent l'enfant Jésus, pour lui faire selon la coutume de la loi...

—Luc 2 : 27

Et voici que je [Paul] m'en vais, lié par l'esprit, à Jérusalem, sans savoir ce qui m'y arrivera.

—Actes 20 : 22

La plupart d'entre nous aimeraient que la voix de Dieu nous parle de manière audible à travers un buisson ardent (Exode 3 : 1), une nuée monstrueuse (Matthieu 17 : 5) ou même à travers un âne (Nombres 22 : 28).

Il y a quelques cas dans la Bible où les gens ont entendu la voix de Dieu avec leurs oreilles. Mais il s'agissait plus d'exceptions que de la règle. Et c'est encore vrai aujourd'hui.

Le Saint-Esprit peut-il vous parler d'une voix perceptible ? Absolument. Le fait-il souvent ? Pas dans mon cas, c'est certain. Pourquoi ?

Parce qu'Il vit en moi ! Il n'a pas besoin d'utiliser des sons entrant dans mes oreilles pour communiquer avec moi quand son Esprit vit déjà en moi.

Entendre sa voix, c'est plus que d'entendre un son. C'est apprendre à mieux entrer en contact avec son Esprit qui vit déjà en moi.

Dieu vous parle

Bien que vous croyiez très probablement que Dieu est capable de vous parler, vous vous surprenez peut-être à dire : « Je ne l'entends pas, je ne pense pas qu'il me parle ».

Voici un conseil de coaching gratuit : NE DITES PLUS JAMAIS CELA ! JAMAIS !

Croyez-moi quand je vous dis que le Seigneur vous parle.

Si Dieu est omniprésent, cela signifie qu'il est partout, tout le temps.

Si Dieu est omniscient, il sait tout ce qui s'est passé, ce qui se passe et ce qui se passera.

Si son Esprit vit en vous et qu'il est toujours autour de vous, alors vous êtes entouré de sa présence.

Supposez que votre conjoint, votre fils ou votre fille soit toujours près de vous, qu'il se tienne à vos côtés partout où vous allez, dans toutes les réunions auxquelles vous assistez et dans tous les voyages que vous entreprenez. Sauriez-vous qu'ils sont là ? Bien sûr que oui. Vous sentiriez leur présence même s'ils ne vous parlaient pas.

De la même manière, Dieu vous parle à travers sa présence, à travers ce que j'aime appeler une « connaissance intérieure ».

Connaissance intérieure

Une connaissance intérieure est une intuition interne qui va au-delà des sens humains, émotionnels ou physiques. Il s'agit d'une incitation ou d'un besoin spirituel.

Vous savez que c'est Dieu, même si vous n'entendez pas de voix.

Vous savez simplement que vous savez.

Avez-vous déjà dit à vous-même ou à quelqu'un d'autre : « Je savais que je n'aurais pas dû faire cela » ou « Je savais que j'aurais dû faire cela ? » Ou encore : « Je savais que c'était une mauvaise décision, mais je l'ai prise quand même ? »

Comment l'avez-vous su ? Qui vous a dit de le faire ou de ne pas le faire ?

En tant que personne appartenant aux 2%, il est très probable que votre connaissance intérieure vienne du Saint-Esprit qui vit en vous. C'est cette même voix tranquille, petite et inaudible que nous recherchons (1 Rois 19 : 12).

Je vous invite à ne pas chercher des voix ou des buissons ardents pour entendre l'Esprit. Il s'agit d'entraîner vos oreilles spirituelles à entendre.

Libérer votre avantage concurrentiel déloyal, c'est bien plus que d'entendre une voix.

4.3 : ÊTRE SANS RESERVE

Mais mon serviteur Caleb, parce qu'il a en lui un esprit différent et qu'il m'a pleinement suivi, je le ferai entrer dans le pays où il est allé, et ses descendants en hériteront.

—Nombres 14 : 24

Le mot « *sans réserve* » signifie :

- Ne pas avoir de doute ou d'incertitude sur le fait de faire quelque chose, de soutenir quelqu'un, etc.

- Complètement et sincèrement dévoué, déterminé ou enthousiaste.

- Être marqué par un engagement complet et sérieux.

- Sans aucune réserve ni hésitation.

Caleb est l'un de mes héros préférés de la Bible. Josué et lui ont été désignés comme deux des douze espions chargés d'explorer la terre promise et de faire un rapport à Moïse. Les dix autres espions étaient envahis par la peur, au point de vouloir tuer Josué et Caleb pour avoir exhorté Moïse à traverser le Jourdain et à s'emparer du pays.

Josué et Caleb, eux, ont cru aux promesses du Seigneur et l'ont servi de tout leur cœur, prêts à passer à l'offensive sur l'ordre du Seigneur.

Votre voyage pour libérer la puissance du Saint-Esprit dans votre entreprise n'est pas pour les mauviettes ! Une fois que vous l'aurez embrassée, vous devrez y aller de tout votre cœur, sans rien laisser de côté et en allant de l'avant au fur et à mesure que l'Esprit vous guidera.

Pas d'esquive

> *Vois-tu, je mets aujourd'hui devant toi la vie et le bien, la mort et le mal, car je te prescris aujourd'hui d'aimer le Seigneur ton Dieu, de marcher dans ses voies, d'observer ses commandements, ses lois et ses jugements, afin que tu vives et que tu multiplies ; et le Seigneur ton Dieu te bénira dans le pays dont tu vas prendre possession. J'appelle aujourd'hui le ciel et la terre à témoigner contre toi que j'ai mis devant toi la vie et la mort, la bénédiction et la malédiction ; choisis donc la vie.*
>
> —Deutéronome 30 : 15-16,19

Dieu nous a donné un choix clair : Sa voie ou la voie du monde. Il nous a même donné la réponse.

Mais c'est notre choix, pas le sien.

Voici une confession tirée de mon parcours professionnel qui, je l'espère, vous aidera.

Après avoir été sauvé lorsque j'étais jeune adolescent, je me suis lentement éloigné du Seigneur et du corps du Christ. À l'âge de 16 ans, j'ai commencé à m'éloigner lentement du Seigneur et du corps du Christ en jouant au baseball le dimanche plutôt que d'aller à l'église. J'avais presque 40 ans lorsque je suis revenu pleinement au Seigneur, juste au moment où j'ai lancé mon entreprise actuelle.

Pendant les dix premières années de mon entreprise, j'ai écrit plusieurs livres sur l'entreprise, dont certains ont été récompensés par des prix.

Puis, le Seigneur a commencé son travail sur moi. Je n'avais pas l'impression qu'il voulait que je me consacre uniquement à l'aspect profane de l'entreprise. J'ai donc pris la décision de ... franchir la barrière !

Pendant plusieurs années, j'ai essayé de garder un pied dans la façon de faire des affaires du monde et de garder l'autre pied dans la façon de faire des affaires de Dieu. J'ai commencé à prendre la parole lors des conférences de pasteurs et à former le personnel pastoral à des pratiques de gestion solides et fondées sur la Bible. J'ai même prêché le dimanche dans plusieurs églises.

En 2009, le Seigneur m'a dit très clairement (non pas d'une voix, mais par une puissante connaissance intérieure) : « Viens complètement de mon côté ».

Il était clair pour moi que je devais faire un choix : soit continuer à essayer d'être à cheval sur la barrière, soit faire tout ce que je fais pour Dieu et sa gloire.

Même si cela m'a pris quelques semaines, je me suis finalement soumis et j'ai crié : « Seigneur ... quoi que ce soit, où que ce soit ! Quoi que tu veuilles que je fasse et où que tu veuilles que je le fasse, je le ferai ».

C'est à ce moment-là que je me suis entièrement soumis à Jésus. Sa volonté. Sa volonté. Sa voie.

C'est à ce moment-là que j'ai décidé de vivre et de travailler de tout cœur pour le Seigneur à travers mon entreprise.

Votre parcours professionnel peut être beaucoup moins dramatique. Mais le résultat doit être le même ... que vous vous engagiez joyeusement à être de tout cœur pour le Seigneur dans votre entreprise.

C'est votre choix. Tout donner à Dieu ou non. Mais je vous préviens qu'être tiède dans ce que vous faites sera votre désastre et votre perte.

> Je connais tes œuvres, tu n'es ni froid ni chaud. Je voudrais que tu sois froid ou chaud. Ainsi donc, parce que tu es tiède, et que tu n'es ni froid ni bouillant, je te vomirai de ma bouche. (Apoc. 3 : 15-16)

À quoi pourrait ressembler une situation d'incertitude dans votre entreprise ? Cela pourrait inclure...

- Avoir peur de prier pendant la journée parce que quelqu'un pourrait vous voir.

- Maudire un moment, puis louer Dieu l'instant d'après.

- Imprimer un verset sur votre carte de visite dans l'espoir que les gens pensent que vous êtes un vrai chrétien.

- Faire confiance aux meilleures pratiques commerciales les plus récentes plutôt qu'aux vérités intemporelles de Dieu.

- Payer les fournisseurs en retard afin d'être le premier à recevoir son salaire.

Si l'un de ces exemples vous donne des sueurs froides, tant mieux. Il ne s'agit pas d'une insulte, mais d'une exhortation à rechercher clairement la volonté de Dieu dans ces domaines et dans d'autres, afin de vivre de tout cœur pour le Seigneur dans votre entreprise.

Un défi

C'est le moment idéal pour mettre de côté ce livre, pour un jour, une semaine ou plus, et investir intentionnellement votre « temps libre » (temps calme dans la prière et le jeûne) pour demander au Seigneur de préparer votre cœur à devenir un Caleb au grand cœur sur votre marché !

Allez-y. Fermez ce livre. Je serai encore là quand vous aurez pris l'engagement avec le Seigneur de ne plus rester à l'écart !

Donnez-vous à fond

Tout ce que vous faites, faites-le de bon cœur, comme pour le Seigneur et non pour les hommes, sachant que vous recevrez

du Seigneur la récompense de l'héritage, car vous servez
Christ, le Seigneur.

—Colossiens 3 : 23-24

Bienvenue ! Je prie pour que votre temps libre ait été une rencontre puissante qui vous a apporté clarté, paix et exaltation.

Maintenant, étudions la deuxième façon d'être de tout cœur dans votre entreprise, de vous donner à fond, de tout donner !

C'est simple, mais extrêmement difficile. Je vais vous raconter une autre histoire personnelle pour vous aider à comprendre cette vérité.

J'ai commencé à jouer au baseball à l'âge de cinq ans et j'ai immédiatement voulu être lanceur. En tant que lanceur, vous avez le contrôle. Vous pouvez lancer la balle avec force. Vos coéquipiers dépendent de vous. Vous recevez plus de reconnaissance pour une victoire et plus de blâme pour une défaite que vous ne le méritez. J'ai continué à lancer dans des ligues organisées pendant une bonne partie de ma vingtaine. C'était plus qu'une simple passion.

En quatre ans de baseball au lycée, mon bilan de lanceur était de 23 contre 7 (23 victoires et seulement 7 défaites). Pas mal du tout.

Après avoir obtenu mon diplôme de fin d'études secondaires, j'ai participé à une ligue d'été très compétitive avec d'autres joueurs de haut niveau de tout l'État. Le tournoi de fin d'année était une compétition à élimination directe, où le vainqueur devait remporter deux matchs pour accéder au tournoi régional.

L'entraîneur m'a choisi pour lancer lors du premier match et l'un de mes camarades de lycée, nous l'appellerons « Steve », bien que ce ne soit pas son vrai nom, pour lancer lors du deuxième match. J'ai lancé pendant tout le match de la première nuit, un match long et intense, et nous avons gagné. Nous avons fait 64 kilomètres pour rentrer chez nous et nous sommes revenus le lendemain soir pour jouer contre la meilleure équipe de tout l'État.

Lorsque nous sommes arrivés au stade, Steve n'était pas là. Une heure avant le match, nous avons appris qu'il avait décidé de ne pas se présenter pour lancer. Nous n'avons jamais su pourquoi. Cela n'a pas vraiment d'importance. J'étais le meilleur et le seul lanceur titulaire de l'équipe. Généralement, un lanceur titulaire bénéficie de 3 à 4 jours de repos avant de commencer un autre match. Le bras du lanceur est fatigué et a besoin de récupérer.

Mon bras et mon corps étaient encore fatigués de la nuit précédente.

L'entraîneur n'a pas eu d'autre choix que de demander : Jim, peux-tu y aller ce soir ? »

Il faut que vous sachiez un peu de quoi il retourne. Steve et moi avons joué l'un contre l'autre et l'un avec l'autre pendant des années. Nous étions des concurrents très amicaux, des coéquipiers déterminés à prouver l'un à l'autre et au reste de la communauté qui était le meilleur lanceur. Steve faisait partie de la foule, il était cool, ce qui n'était certainement pas mon cas. Il était un gaucher de haut niveau doté d'une balle rapide redoutable. J'étais un droitier avec une terrible balle courbe (et une balle rapide médiocre). En tant qu'athlètes, nous avions une relation personnelle agréable, mais nous étions tous deux totalement dévoués à la victoire de notre équipe.

Je n'avais jamais gagné contre l'équipe avec laquelle nous jouions ce soir-là. Auparavant, j'avais perdu cinq matchs contre eux au cours de ma vie au lycée et dans les ligues d'été. Ils ne me craignaient pas, mais je ne les craignais pas non plus.

J'avais donc beaucoup de motivation ce soir-là ! Je voulais battre cette équipe, gagner deux matchs consécutifs et montrer qui était le meilleur coéquipier. (Pardonnez-moi pour la fierté que j'affichais).

J'ai commencé le match, et toute l'équipe était gonflée à bloc pour gagner !

Après cinq manches, nous menions 4 à 2. Alors que je sortais de l'abri pour me diriger vers le monticule afin d'entamer le début de la sixième manche (nous ne jouions que des matchs de sept manches dans cette ligue), l'entraîneur m'a demandé : « Comment ça va, Jim ? » Il pouvait voir que j'étais épuisé ; ma médiocre balle rapide était un peu plus faible et ma balle courbe pendait un peu plus haut.

Bien sûr, j'ai répondu : « Hé, coach... je vais bien », puis j'ai sprinté jusqu'au monticule comme je le faisais toujours.

Il savait ce qui allait se passer et ce qu'il allait devoir faire. Moi aussi, mais je devais tenter ma chance une dernière fois.

Vous pouvez deviner ce qui s'est passé. L'autre équipe a commencé à me bombarder, frappant des coups simples et des coups doubles sur tout le terrain de baseball.

Dans la plupart des matchs comme celui-ci, même si je n'avais plus d'énergie, j'arrivais généralement à obtenir un amorti/volante sacrifice, un retrait sur une roulante ou un retrait sur une volante de la part du batteur. Pas cette fois-ci. J'étais totalement épuisé.

Le fait d'avoir lancé 12,5 manches au cours des dernières 24 heures par une température de 90 degrés avait fait des ravages.

Pour la première fois depuis le début du match, l'autre équipe avait pris l'avantage. L'entraîneur n'avait pas d'autre choix que de me faire sortir du match.

Alors que l'entraîneur se dirigeait vers le monticule, j'ai fait quelque chose que je n'avais jamais fait de toute ma vie de sportif.

J'ai commencé à pleurer.

Imaginez... un jeune homme de 18 ans qui vient d'obtenir son diplôme et qui est le joueur le plus utile de l'équipe de baseball du lycée, avec un bilan de 23 victoires et 7 défaites, se tenant sur le monticule et pleurant !

Pourtant, je n'avais pas honte. Mes larmes venaient du fait que je savais, au plus profond de mon âme, que j'avais tout donné. Je n'ai rien laissé sur le terrain. Je me suis donné corps et âme, j'ai donné tout ce que j'avais à mes coéquipiers et tout ce que j'avais pour gagner.

Bien que le score final ait indiqué que j'étais le lanceur perdant, dans un sens beaucoup plus large, j'étais le gagnant.

Mon père était dans les tribunes et regardait le match, tout comme le père d'un autre joueur. Le père de mon ami s'est tourné vers mon père et lui a dit : « J'ai vu Jim lancer dans de nombreux matchs, mais je n'ai jamais été aussi fier de lui que ce soir ».

Mon père a répondu : « Moi non plus, Ed. Moi non plus ».

Je ne raconte pas cette histoire pour me vanter. Non. Je partage plutôt cette histoire pour vous encourager à penser que notre Seigneur Jésus sera le plus fier de vous lorsque vous le servirez de tout cœur, en vous donnant à fond et en faisant tout ce que vous pouvez pour sa gloire dans votre entreprise.

En fin de compte, lorsque vous le servirez de tout cœur, vous gagnerez et vous recevrez la récompense de votre héritage (Col. 3 : 23-24).

Par conséquent, dans votre voyage pour libérer la puissance du Saint-Esprit dans votre entreprise, vous devez avoir l'intention dans votre cœur de le servir de tout cœur !

Ainsi, lorsque le Saint-Esprit vous dit d'aller ou de ne pas aller, d'acheter ou de ne pas acheter, de vendre ou de ne pas vendre, de signer ce contrat ou de ne pas signer ce contrat, d'embaucher cette personne ou de ne pas l'embaucher... tout ce qu'il vous dit de faire, faites-le.

De tout cœur !

4.4. Faire Confiance À L'eternel

> *Confie-toi de tout ton cœur à l'Éternel, et ne t'appuie pas sur ton intelligence ; Dans toutes tes voies, reconnais-le, Et il dirigera tes sentiers.*
>
> —Proverbes 3 : 5-6

Avertissement : Ne négligez pas cette vérité intemporelle !

En tant que croyant, vous avez souvent entendu ce verset et l'avez probablement mémorisé comme moi.

Nous devons méditer sur ce verset pendant un moment, car il est au cœur de la libération de la puissance du Saint-Esprit dans votre entreprise.

Commençons par décomposer soigneusement les cinq éléments fondamentaux de ce verset.

La confiance dans le Seigneur

La confiance est définie comme « une confiance assurée dans le caractère, la capacité, la force ou la vérité de quelqu'un ou de quelque chose ».

J'aime l'expression « confiance assurée ».

Si vous êtes sauvé, vous faites déjà confiance au Seigneur pour votre salut. Vous avez l'assurance que le Seigneur tient ses promesses. Vous placez votre confiance en lui avec assurance.

Notre confiance dans le Seigneur est également une confiance assurée qu'il sera fidèle pour achever le bon travail qu'il a commencé en nous par le biais de nos entreprises.

De tout votre cœur

C'est ici que beaucoup d'entre nous sont bloqués ou hésitent. Vous remarquerez que Salomon, qui a écrit ce verset sous l'onction divine du Saint-Esprit, n'a pas dit que Dieu a dit...

- « Faites-moi confiance avec tout votre argent ! »
- « Faites-moi confiance avec tous vos plans d'affaires ! »
- « Faites-moi confiance avec toutes vos études de marché ! »
- « Faites-moi confiance avec toute votre tête ! »
- « Faites-moi confiance avec tous vos sentiments ! »

La liste pourrait s'allonger à l'infini, mais vous voyez ce que je veux dire.

Il est essentiel de vous rappeler que tout ce que vous faites dans les affaires est une question de cœur. Tout dépend de la façon dont vous permettez à Dieu d'influencer, d'impacter et de modeler votre cœur pour sa gloire. Pourtant, bien souvent, les pressions du monde des affaires vous entourent, vos concurrents vous attaquent, le marché est hostile à votre égard, votre chaîne d'approvisionnement vous met au défi, et même vos employés peuvent vous rejeter.

Il est facile de perdre le contrôle de nos cœurs et de revenir à notre chair en tant que chefs d'entreprise. C'est exactement la raison pour laquelle ce verset et cette étape de la pratique sont si importants pour votre succès et l'importance de votre entreprise. Tout revient à votre cœur et à la confiance que vous accordez au Seigneur pour l'ensemble de votre vie... et pas seulement pour une partie de votre vie qui est partagée le dimanche.

Ne vous fiez pas à votre propre compréhension

Je n'ai pas toutes les réponses et, honnêtement, vous non plus. Même lorsque nous pensons les avoir, nos conclusions sont souvent incomplètes, mal orientées et difficiles à mettre en œuvre.

Pendant deux décennies, j'ai considéré que mon rôle dans le monde des affaires était de lire, d'étudier, d'analyser et de partager des informations, par le biais de livres, de discours, de coaching et de conseils sur la manière dont les grandes entreprises faisaient ce qu'elles faisaient si bien. Au fil des années, de nombreux clients m'ont dit : « Je me fiche de ce que pense tel ou tel expert en affaires ; je vous paie pour ce que VOUS pensez ! Il était facile de devenir sage à mes propres yeux ».

Même avec tous mes livres récompensés et mon impressionnante liste de clients, au fond de moi, je savais que je n'en savais pas tant que ça. J'espérais que personne ne verrait à travers ma façade que j'en savais si peu, car cela aurait ruiné mon entreprise.

Tout comme moi, vous ne comprendrez jamais tout ce que vous devez savoir pour développer votre entreprise en vue d'obtenir l'impact éternel que Dieu désire pour vous.

Reconnaissez-le dans *toutes* vos actions

Que signifie « *tout* » ?

Cela signifie... TOUT !

Tout signifie tout. Pas une partie. Pas certains. Il ne s'agit pas seulement d'ouvrir une réunion par la prière. Pas seulement prier pour plus d'augmentation. Pas seulement l'invoquer en cas de difficultés, de crise financière ou de blessure d'un employé.

Tout ... signifie tout.

Tout.

Pourquoi est-ce que je répète l'évidence ? Parfois, l'évidence n'est pas si évidente. Nous savons que nous *devrions* faire confiance au Seigneur pour TOUT. J'ai trouvé cela plus facile à faire dans ma famille, mon mariage, et avec mes enfants ... même en servant mon Église.

Mais j'admets qu'au fil des années, j'ai eu du mal à faire confiance à *tout* dans mon entreprise. Aujourd'hui, je peux dire que Jésus possède vraiment toutes mes affaires. Maintenant qu'Il dirige tout, je n'ai plus besoin de m'appuyer sur ma compréhension. Je m'appuie désormais totalement sur Sa compréhension.

Il devra guider nos chemins

Le mot « *devra* » est défini comme quelque chose qui devrait se produire dans le futur. Le Seigneur n'a pas dit...

- Il pourrait

- Lorsqu'il en aura le temps

- Quand vous serez sur sa meilleure liste

- Seulement lorsque la situation devient trop difficile à gérer pour vous

- Après y avoir réfléchi

- Lorsqu'il en a envie

- Après avoir atteint un certain niveau de maturité spirituelle

Dites ceci à haute voix : « IL DEVRA GUIDER MES CHEMINS ! »
Répétez-le.
Allez-y. Il n'y a plus personne autour de vous. Répétez-le !
La direction de vos chemins... l'ultime récompense !
Vous devez faire confiance à ce que vous entendez grâce à votre connaissance intérieure et ne pas douter.

4.5. RENFORCEZ-VOUS

Enfin, mes frères, soyez forts dans le Seigneur et dans la puissance de sa force. Revêtez-vous de l'armure de Dieu, afin de pouvoir résister aux ruses du diable. En effet, nous n'avons pas à lutter contre la chair et le sang, mais contre les principautés, contre les puissances, contre les princes des ténèbres de ce siècle, contre les esprits méchants dans les lieux célestes. C'est pourquoi, prenez toutes les armes de Dieu, afin de pouvoir résister au mauvais jour, et de pouvoir subsister après avoir tout surmonté.

—Éphésiens 6 : 10-13

Satan est le prince de ce monde. C'est lui qui contrôle en premier lieu les mécanismes des affaires. Alors que vous libérez votre avantage déloyal, l'ennemi s'en prendra à vous ! Comptez sur lui.

Le livre fascinant de Kyle Winkler, *Silence Satan : Shutting Down the Enemy's Attacks, Threats, Lies, and Accusations*, ce dernier affirme ce qui suit :

Les armes que nous recevons dans le cadre de l'unité du Christ nous aident à penser. Satan fait irruption dans nos vies avec des arguments expliquant pourquoi Dieu ne peut pas nous utiliser, pourquoi nous ne serons jamais guéris ou pourquoi nos péchés particuliers sont trop importants pour être pardonnés. Ce sont les doutes et les découragements qu'il utilise comme obstacles pour nous empêcher de vivre une vie de victoire.[1]

On peut dire la même chose de notre vie professionnelle. Alors que vous commencez à tirer parti de votre avantage déloyal sur le marché, l'ennemi lancera tout ce qu'il a contre vous et votre équipe.

Dans la description de l'armure faite par Paul, je voudrais que vous vous concentriez sur trois points importants :

1 : Armure complète

Une armure partielle est inutile. Imaginez un soldat entrant dans la bataille sans son casque, son sac à dos, ses bottes ou son arme. De même, imaginez un soldat appartenant aux 2% entrant sur le champ de bataille du marché contrôlé par l'ennemi sans son armure complète et prêt à faire face à toutes les attaques ennemies.

Les six pièces de l'armure complète sont...

- **La ceinture de vérité** : La Parole, à laquelle sont attachées d'autres armes.

- **La cuirasse de la justice** : Pour protéger le cœur et l'âme et servir de symbole éclatant de votre protection contre l'ennemi.

- **Le casque du salut** : Pour protéger l'esprit, les oreilles et les pensées.

- **Les chaussures de l'Évangile de la paix** : Des chaussures prêtes à tenir fermement et à ne pas céder de terrain.

- **Le bouclier de la foi :** Pour bloquer les flèches enflammées de l'ennemi et pour protéger tout le corps des attaques.

- **L'épée de l'Esprit :** La Parole de Dieu, la seule arme d'attaque.

L'avertissement de Paul est de revêtir toute l'armure, et pas seulement une ou deux pièces. Sans l'équipement de protection complet, vous seriez vulnérable et l'ennemi pourrait passer à l'attaque en utilisant votre point le plus faible, ce qui est sa tactique habituelle.

Comprenez que cinq des pièces de l'armure sont des équipements de protection ; une seule est une arme d'attaque. S'il s'agit d'une éventuelle guerre spirituelle contre vous et votre entreprise, pourquoi êtes-vous limité à une seule arme d'attaque ? Lire la suite.

2 : Tenir bon

Dans sa description de l'ensemble de l'armure (Eph. 6 : 10-20), Paul déclare par quatre fois que nous devons tenir bon, et non pas combattre. Je trouve cela fascinant, car pourquoi devrions-nous nous armer et ne pas nous battre ?

Winkler nous donne un magnifique aperçu de la raison pour laquelle Paul nous apprend à tenir bon. Il enseigne que l'objectif de revêtir l'ensemble de l'armure est...

> ...de trouver la force dans la puissance du Seigneur afin de pouvoir tenir bon. Il (Paul) ne dit pas qu'il faut se revêtir de l'armure pour combattre, mais que dans le Seigneur, vous pouvez maintenir votre identité en Christ contre les forces du mal qui cherchent à vous détruire.[2]

En vous revêtant d'une armure, réalisez que vous ne cherchez pas à marcher dans la bataille, mais plutôt à vous revêtir de la puissance du Seigneur pour résister (c'est encore ça... tenir bon) aux ruses et aux tromperies de l'ennemi.

3 : Les ruses

Dans le jardin d'Eden, l'ennemi a usé de ruses et de mensonges subtils pour tromper Ève et Adam (Gen. 3). Il a tenté la même chose avec Jésus pendant ses 40 jours de tentation (Matthieu 4). Les tactiques de l'ennemi n'ont pas changé depuis 6 000 ans. Il fera de même avec vous.

Il vous soumettra des pensées et des idées qui pourraient inclure...

- Vous ne pouvez pas faire cela.
- Vous n'avez pas l'équipe ou les ressources nécessaires.
- C'est la chose la plus folle que vous ayez jamais essayée.
- Cela va ruiner votre entreprise.
- Personne ne vous suivra.
- Avez-vous perdu la tête ?
- Que vont penser vos concurrents ?
- Vous allez perdre une fortune et même votre entreprise.
- Personne ne vous suivra.
- Vous n'êtes pas un leader assez fort pour réussir.
- Etes-vous vraiment, vraiment sûr que cela vient de Dieu ? Vous êtes sûr ?

- Vous n'êtes pas sérieux, n'est-ce pas ?

- Vous lisez juste ce livre d'affaires farfelu et vous faites l'erreur d'être dirigé par un expert comme le dit l'auteur stupide.

Vous voyez ce que je veux dire.

Et beaucoup d'entre eux sont des armes légères de l'ennemi comparées aux bombes nucléaires dont vous pourriez faire l'expérience.

Vous ne serez pas toujours attaqué, mais comme vous commencez maintenant à être un chef d'entreprise guidé par l'Esprit, vous devez être complètement blindé.

C'est pourquoi il est extrêmement important, alors que vous vous préparez à libérer votre avantage concurrentiel déloyal, de revêtir quotidiennement l'armure complète, afin de pouvoir prendre position grâce à la force du Christ, et non à la vôtre.

C'est comme la vieille histoire que nous avons tous entendue à l'église, celle de la dame élégante qui voit le diable frapper à sa porte. Elle se retourne alors calmement et dit à haute voix : « Jésus, c'est pour toi ! »

Encore une chose : l'ennemi doit fuir

> *Soumettez-vous donc à Dieu. Résistez au diable et il s'éloignera de vous.*

—Jacques 4 : 7

Lorsque vous ordonnez à l'ennemi de quitter votre entreprise au nom de Jésus, il doit s'exécuter ! Il n'a pas le choix !

Point final !

Aucun !

Ainsi,

- Ne combattez pas le diable sur son terrain. Rappelez-lui qu'il a déjà été vaincu, résistez-lui et il doit s'enfuir ; il n'a pas le choix !

- Ne livrez pas une guerre spirituelle avec vos capacités mentales. Luttez avec la Parole, comme Jésus (Matt. 4 : 1-11).

- Ne vous laissez pas effrayer par l'idée que l'ennemi puisse s'en prendre à vous, « car celui qui est en vous est plus grand que celui qui est dans le monde » (1 Jean 4 : 4).

- Ne laissez pas l'ennemi s'attarder autour de vous ou de votre équipe. Ordonnez-lui de partir, et il partira !

En résumé, rappelez-vous...

- C'est plus qu'une prière.
- C'est plus qu'une voix.
- Donnez-vous à fond.
- Ayez confiance dans le Seigneur.
- Armez-vous chaque jour.

Une fois que vous aurez adopté ces cinq étapes de préparation, vous serez prêt à libérer la puissance du Saint-Esprit dans vos affaires.

Ne lisez pas ces étapes avec désinvolture et ne les sautez pas. Enfouissez-les au plus profond de votre cœur et de votre âme avant de vous lancer dans votre avantage concurrentiel. Ce faisant, vous vous donnerez une base solide pour que le Saint-Esprit manifeste sa présence dans vos affaires !

Discussion en groupe

Pourquoi est-il important de prendre le temps de se préparer à être guidé par l'Esprit Saint plutôt que de se précipiter ?

Quelles ont été vos réponses aux questions sur la prise de conscience personnelle et professionnelle ?

Laquelle des étapes de préparation est la plus importante pour vous aujourd'hui ? Pourquoi ?

---

[1] Kyle Winkler, *Silence Satan: Shutting Down the Enemy's Attacks, Threats, Lies, and Accusations* (Lake Mary, FL: Passio, 2014), 150.

[2] Ibid., 142.

5

Liberez Votre Avantage Deloyal

Mais vous recevrez une puissance lorsque le Saint-Esprit sera venu sur vous.

—Actes 1 : 8a

VOUS AVEZ DÉCIDÉ DE PRENDRE LE GRAND VIRAGE. Vous connaissez les éventuels obstacles. Vous vous êtes préparé à ce qui vous attend. Maintenant, vous êtes prêt !

Cette section vous guidera au travers de six clés pour libérer votre avantage déloyal. Je vous recommande de les appliquer dans l'ordre, car elles se renforcent naturellement mutuellement pour former un processus puissant.

Voici comment je vous suggère d'appliquer cette section.

Tout d'abord, lisez les six clés sans prendre de notes. S'imprégner du flux, du contenu et de la dynamique qu'ils produisent.

Ensuite, lisez chaque section une par une et faites les petits exercices qu'elle contient. Je vous recommande de vous concentrer sur une section par jour. N'allez pas trop vite. Laissez le Saint-Esprit ancrer profondément ces vérités dans votre esprit.

Troisièmement, une fois que vous aurez pris suffisamment de temps pour permettre au Saint-Esprit de renforcer ces vérités, vous serez prêt à passer au chapitre 6, « Continuez comme ça ».

5.1. PRATIQUE

Pratiquer (v) : faire quelque chose encore et encore afin de s'améliorer ; faire (quelque chose) régulièrement ou constamment comme une partie ordinaire de votre vie.

La première clé pour libérer la puissance du Saint-Esprit dans vos affaires est de pratiquer.

Quiconque a déjà pratiqué un sport de compétition comprend l'absolue nécessité de l'entraînement. Les athlètes professionnels, quel que soit leur sport, investissent des centaines, voire des milliers, d'heures dans un entraînement sérieux et assidu afin de donner le meilleur d'eux-mêmes.

Dans les entreprises, les programmes de formation et de développement professionnels prévoient beaucoup de pratique avant de laisser les employés mettre en œuvre la formation sur le terrain. Les entreprises de services professionnels investissent beaucoup de temps d'entraînement dans la manière dont elles traitent les appels des clients avant que les chargés de clientèle ne prennent leur premier appel réel. Les formateurs professionnels en vente organisent des simulations d'entretiens pour apprendre aux vendeurs à écouter et à convaincre de potentiels clients.

Dans mon livre, *The Impacter : A Parable on Transformational Leadership*, j'enseigne que la confiance (foi en vos capacités) découle de la compétence (profondeur de vos aptitudes développée au fil du temps). Plus vous pratiquez, plus vous devenez compétent. Plus vous devenez compétent, plus vous avez confiance en vos capacités.

Il en va de même lorsque nous cherchons à libérer la puissance du Saint-Esprit dans nos affaires.

Voici trois bonnes façons de s'exercer : identifier le témoignage intérieur, commencer modestement et peaufiner.

Identifier le témoignage

Votre pasteur ou votre professeur partage une puissante vérité, et quelque chose dans votre esprit vous dit : « Oui ! C'est bien ! C'est vrai ! » Il se peut même que vous le disiez à haute voix, comme je le fais souvent !

Lorsque le Saint-Esprit entend une vérité, il la confirme en toi. Ton esprit ressent cette vérité qui vient d'être dite.

C'est ton témoignage interne.

Le même Esprit qui vous rend témoignage lors d'un service religieux est également disponible sur votre lieu de travail.

Il est extrêmement important de continuer à s'entraîner, à ressentir votre témoignage interne, même si vous êtes déjà pleinement en contact avec le Saint-Esprit qui est en vous.

On ne peut jamais trop s'exercer à ressentir son témoignage intérieur !

Méditez sur les moments au travail où votre témoignage, cette connaissance intérieure, était en totale paix. Était-ce lorsque vous avez...

- Créé votre entreprise ?

- Lancé un grand projet ?

- Embauché du personnel additionnel ?

- Changé de sous-traitant ?

- Acheté un gros équipement ?

- Signé un contrat ?

- Défié un employé pour qu'il se surpasse et exploite au mieux son potentiel ?

- Signé un contrat avec un consultant ou un coach ?

Et puis, il y a des moments où vous pouvez regarder en arrière et dire : « Je savais que je n'aurais pas dû : »

- Créer cette entreprise !
- Lancer ce grand projet !
- Embaucher plus de personnel !
- Changer de sous-traitant !
- Acheter cet équipement !
- Signer ce contrat !
- Défier à un employé pour qu'il passe à la vitesse supérieure !
- Signer avec ce consultant ou ce coach !

Dans tous ces cas, il est très probable que le Saint-Esprit était déjà à l'œuvre en vous, vous exhortant à prendre les bonnes décisions et vous mettant en garde contre les mauvaises.

Il faut un effort concentré et intentionnel pour identifier continuellement le témoignage. Si vous ne le faites pas intentionnellement, en recherchant toujours le témoignage interne du Saint-Esprit pour confirmer les bonnes décisions en matière d'affaires, vous retomberez rapidement dans toutes les façons de vous laisser guider par le monde.

Plus vous vous entraînerez, plus il vous sera facile d'identifier le témoignage.

Commencer petit

Donne-nous aujourd'hui notre pain quotidien.

—Matthieu 6 : 11

Cette façon de pratiquer est idéale si vous commencez tout juste à apprendre à discerner la voix du Saint-Esprit. Permettez-moi de vous donner un exemple de la facilité avec laquelle il est possible de commencer petit. Lorsque j'ai appris ce concept de *pratique* pour la première fois, j'ai commencé modestement. Une expérience est particulièrement marquante.

Je parle souvent aux entreprises et aux groupes religieux de notre avantage déloyal. L'un de mes exemples les plus populaires et dont on se souvient le mieux est celui de la commande d'un repas au restaurant. Voici ce que j'enseigne.

Nous avons tous un restaurant favori où nous prenons un ou deux repas préférés. La prochaine fois que vous irez dans ce restaurant, au lieu de commander ce que vous commandez toujours (l'un de vos plats préférés), faites une pause, regardez le menu et demandez au Saint-Esprit : « Qu'est-ce que VOUS me suggérez de commander ? »

Pourquoi est-ce que je vous suggère de pratiquer cela la prochaine fois que vous irez au restaurant ?

- Le Saint-Esprit connaît déjà tes plats préférés.

- Il connaît également d'autres plats que vous aimeriez avoir au menu et que vous ne connaissez peut-être pas !

- Il peut aussi vous empêcher de commander des aliments mauvais, malsains ou pleins de germes.

J'ai récemment prêché un message dans mon Église et j'ai utilisé l'exemple de la commande au restaurant comme un moyen simple de s'entraîner à entendre Sa voix. Le dimanche qui a suivi, une jeune femme qui avait entendu mon message s'est précipitée vers moi avec un puissant témoignage.

Elle m'a dit qu'elle avait un estomac très, très sensible et que sa réaction à la plupart des aliments lui causait des douleurs physiques extrêmes et même des jours d'inconfort. Après avoir entendu mon message, elle et son mari sont allés dans leur restaurant préféré. Pourquoi ce restaurant ? Elle savait que leur menu comprenait deux plats qui ne lui causeraient pas de douleurs à l'estomac.

Mais cette fois-ci, elle a regardé le menu et a demandé au Saint-Esprit : « ok, je vais mettre en pratique ce que Jim a enseigné aujourd'hui. Saint-Esprit, que dois-je commander ? »

Elle a pris le risque de faire confiance au Saint-Esprit dans cette décision.

Lorsqu'elle en est arrivée à ce point de son témoignage, ses yeux se sont mis à briller, un immense sourire est apparu sur son visage et elle a explosé en disant : « J'ai commandé quelque chose que je n'avais jamais mangé auparavant et je n'ai eu AUCUNE MAUVAISE RÉACTION ! Maintenant, je SAIS que je peux aller dans n'importe quel restaurant et que le Saint-Esprit me montrera un bon repas délicieux. Vous m'avez ouvert un tout nouveau monde d'options alimentaires »

Elle était ravie.

Bien sûr, ce n'est pas moi qui ai fait cela ; c'est elle qui a fait confiance au Saint-Esprit en commençant petit.

Alors, comment pouvez-vous commencer petit dans votre travail ? Certains moyens peuvent consister à demander au Saint-Esprit :

- Dois-je rencontrer cette personne aujourd'hui ou à un autre moment ?
- Dois-je assister à cette réunion ?
- Dois-je appeler ce client ?
- Dois-je ajouter ce service ou ce produit à notre entreprise ?
- Dois-je le faire maintenant ou plus tard ?
- Dois-je venir tôt demain ou rester tard ce soir pour terminer ce projet ?

Des dizaines d'autres questions pourraient être ajoutées à cette liste de base, mais vous voyez ce que je veux dire. Les possibilités de commencer modestement sont infinies.

Je vous encourage à commencer par de petites occasions à faible risque pour vous entraîner et gagner en confiance dans l'identification du témoignage qui est en vous. Croyez-moi... Il appréciera que vous le recherchiez intentionnellement et se fera de plus en plus connaître à mesure que vous vous entraînerez.

Ajustement

Vous êtes entouré d'un grand nombre de bruits spirituels. Satan essaie de vous parler en permanence, vous bombardant de bruits et de messages incessants provenant du monde qu'il contrôle.

Lorsque vous commencerez à pratiquer, vous connaîtrez quelques succès (« commandez ce repas ») et quelques échecs. Nous apprenons souvent plus par nos échecs que par nos réussites. Grâce à notre pratique, nous devons apprendre à nous ajuster, c'est-à-dire à apprendre autant, voire plus, de nos succès que de nos échecs.

Le Saint-Esprit me guide à partager deux de mes expériences de vie les plus significatives qui m'ont permis d'apprendre à affiner mes oreilles spirituelles afin de mieux discerner la voix du Saint-Esprit à l'œuvre en moi.

Tout d'abord, permettez-moi de vous faire part de la grande réussite. Vous l'avez entre les mains !

Alors que j'avais presque terminé d'écrire le livre suivant de la série The Impacter, j'ai rencontré un obstacle. Au début, je n'étais pas sûr si l'obstacle était auto-imposé ou ordonné par l'Esprit.

J'ai rapidement compris qu'il s'agissait du témoignage de l'Esprit et non de celui de ma chair ou du diable (pratique).

Un matin, alors que je demandais au Saint-Esprit ce que je devais faire, il m'a dit (pas de manière audible, mais par une connaissance intérieure) : « Écris un livre pour enseigner à mes gens dans les affaires comment je t'ai enseigné à entendre ma voix ».

J'ai immédiatement mis de côté le livre que j'étais en train d'écrire et j'ai commencé à écrire Notre avantage déloyal.

Alors que j'écris ce manuscrit sous la direction du Saint-Esprit, c'est sans aucun doute le livre le plus attendu de mes 14 livres précédents !

Sans conteste, ce travail a été le plus satisfaisant, le plus amusant et le plus important de ma vie.

Ce n'est que grâce à une pratique antérieure que j'ai eu la certitude qu'il s'agissait bien de l'Esprit. Et j'ai immédiatement obéi.

Voici maintenant le grand échec.

Il y a quelques années, ma femme et moi rendions visite à notre fils dans son école chrétienne de garçons dans un autre État. Le dernier jour de cette visite, je portais l'un de mes biens les plus précieux : un polo de basket-ball masculin de l'Université de Louisville, tout neuf, qui m'avait été offert par ma sœur et mon frère. Ayant grandi dans une petite ville au sud de Louisville, dans le Kentucky, et ayant joué au basket-ball pendant toute la durée de mes études secondaires, je suis un grand fan de ce sport.

Cela faisait 18 ans que l'université de Louisville n'avait pas remporté son premier championnat national, et cette chemise était donc particulièrement agréable à porter.

Quelques minutes avant de quitter l'école du garçon, l'un des amis de notre fils s'est approché de nous et nous avons commencé à discuter. Ce grand garçon maigre de 17 ans a sursauté d'excitation en voyant mon T-shirt. Il était originaire de Louisville et, comme moi, était un grand fan des UL. Nous avons parlé des joueurs, du championnat et de notre joie d'être à nouveau champions nationaux.

Soudain, j'ai entendu une voix à l'intérieur de moi, pas de manière audible, mais mon témoignage intérieur, qui m'a dit : « Donne-lui ta chemise ! »

Ma première réaction a été de me dire : « Ce n'est sûrement pas la voix du Seigneur. Pourquoi voudrait-il que je donne ma nouvelle chemise préférée à un enfant que je ne connais même pas ? »

Alors que le garçon s'éloignait, j'ai de nouveau entendu : « Donne-lui ta chemise. Tu as plein d'autres chemises propres dans le coffre de ta voiture ».

En réalité, j'ai hésité, j'ai dit au revoir à notre fils et je suis parti... en portant encore la précieuse chemise.

En moins de cinq minutes, je me suis tourné vers ma femme, Brenda, et je lui ai raconté ce qui s'était passé. Elle a rapidement convenu avec le Saint-Esprit que j'aurais dû donner la chemise au garçon.

Mais au lieu de faire demi-tour, j'ai repris la route vers notre maison. Dès que nous sommes arrivés à la maison, j'ai lavé la chemise, je l'ai envoyée par la poste au garçon de Louisville et j'y ai inséré une note disant que j'avais eu tort de retarder mon obéissance. Je lui ai dit que je m'étais repenti au Seigneur, je lui ai demandé de me pardonner et j'ai prié pour que la chemise le bénisse.

Mon fils m'a dit plus tard que le garçon aimait tellement la chemise qu'il l'enlevait rarement.

Pour moi, ce fut une expérience inoubliable : « Je savais que j'aurais dû lui donner la chemise ». Comme vous, nous avons tous connu de nombreuses expériences de ce type au cours de notre carrière.

Mon échec m'a permis de tirer de nombreuses leçons précieuses, notamment...

- Comment reconnaître la connaissance intérieure distincte et puissante du Saint-Esprit.

- Agir immédiatement lorsqu'on m'y invite.

- La bénédiction de l'obéissance immédiate plutôt que la lourdeur de l'obéissance tardive.

Identifiez votre témoignage. Commencez modestement. Ensuite, affinez.

Il faut de la pratique, beaucoup de pratique volontaire.

Avec le temps, votre pratique renforcera vos oreilles spirituelles pour entendre les murmures du Saint-Esprit qui parlent plus clairement en vous.

Voici un plan d'action pour vous aider à commencer votre pratique.

Plan d'action pratique

Faites la liste de cinq décisions que vous devez prendre pour vos affaires. Répondez aux questions en écoutant sa voix vous guider. Notez ce que vous apprenez.

Décision n° 1 : _____

Comment avez-vous commencé à écouter ?

Comment avez-vous affiné votre écoute ?

Qu'avez-vous appris ?

Décision n° 2 : _____

Comment avez-vous commencé à écouter ?

Comment avez-vous affiné votre écoute ?

Qu'avez-vous appris ?

Décision n° 3 : _____

Comment avez-vous commencé à écouter ?

Comment avez-vous affiné votre écoute ?

Qu'avez-vous appris ?

Décision n° 4 : _____

Comment avez-vous commencé à écouter ?

Comment avez-vous affiné votre écoute ?

Qu'avez-vous appris ?

Décision n° 5 : _____

Comment avez-vous commencé à écouter ?

Comment avez-vous affiné votre écoute ?

Qu'avez-vous appris ?

5.2. VERIFIER AVANT D'AGIR

> _Vérification (n) : un arrêt soudain d'un cours ou d'une progression ; une pause soudaine ou une interruption dans une progression ; une action de tester ou de vérifier._

La deuxième clé pour libérer la puissance du Saint-Esprit dans vos affaires est de vérifier avant d'agir.

La manière dont les gens prennent des décisions m'a toujours fasciné. Qu'est-ce qui pousse les gens à prendre les décisions qu'ils prennent ? Comment les messages persuasifs et les facteurs environnementaux influencent-ils la prise de décision ?

Tout au long de mes études supérieures en communication humaine, je me suis concentré sur les variables interpersonnelles et psychologiques dans la prise de décision en petit groupe. J'ai investi des années d'études et de recherches approfondies sur des sujets tels que...

- La recherche de consensus

- Les styles de leadership et l'utilisation du pouvoir dans les groupes

- La dynamique de la communication non verbale

- La communication interraciale et interculturelle

- La pensée de groupe

- La rhétorique d'Aristote, y compris les effets de l'ethos, du pathos et du logos

- Le pouvoir du raisonnement déductif, inductif et analogique

- L'impact de l'appréhension de la communication dans le processus de prise de décision au sein de groupes d'hommes et de femmes qui résolvent des problèmes

Croyez-le ou non, cette dernière a fait l'objet de mon mémoire de maîtrise et de ma thèse de doctorat. De bonnes lectures pour l'insomnie !

Après tant d'années d'études assidues, d'apprentissage auprès de quelques-uns des plus grands esprits académiques du monde et de multiples publications professionnelles, je regarde aujourd'hui en arrière avec une seule et unique conclusion...

J'ai vraiment tout faux !

Au cours des 20 dernières années, j'ai étudié la manière dont le plus grand leader et décideur de tous les temps, Jésus, prenait des décisions.

Le plus grand leader et homme d'affaires de tous les temps a-t-il jamais...

- Recherché le consensus ou le vote majoritaire de ses disciples ?

- Réfléchi aux travaux de Socrate, d'Aristote ou de Platon ?

- Réfléchi profondément à la dynamique interpersonnelle de ses paroles ?

- Formé des groupes de discussion avec les clients pour découvrir les tendances et les préférences ?

- Fait appel à des experts onéreux pour obtenir leur sagesse ?

Non, Jésus avait un processus de prise de décision entièrement nouveau, innovant et inouï.

Dans toutes les situations, il consultait l'Esprit de Dieu avant d'agir.

> Jésus leur répondit : « En vérité, je vous le dis, le Fils ne peut rien faire de lui-même, sinon ce qu'il voit faire le Père ; car tout ce qu'il fait, le Fils le fait aussi de la même manière. Car le Père aime le Fils, et il lui montre tout ce qu'il fait lui-même ; et il lui montrera des œuvres plus grandes que celles-ci, afin que vous soyez dans l'admiration ». (Jean 5 : 19-20)

Jésus a vérifié avec l'Esprit de Dieu le Père, l'Esprit Saint !

Car je n'ai pas parlé de mon propre chef ; mais le Père qui m'a envoyé m'a donné un ordre, pour savoir ce que je devais dire et ce que je devais prononcer. Et je sais que son ordre est la vie éternelle. C'est pourquoi, tout ce que je dis, je le dis comme le Père me l'a dit. (Jean 12 : 49-50)

Ne croyez-vous pas que je suis dans le Père et que le Père est en moi ? Les paroles que je vous dis, je ne les dis pas de mon propre chef ; mais le Père qui demeure en moi fait les œuvres. (Jean 14 : 10)

Jésus a toujours vérifié intérieurement avant de faire ou de dire quoi que ce soit.

Voici trois moyens simples pour vous aider à vous entraîner à vérifier avant d'agir : ralentissez, bloquez l'extérieur et faites une dernière vérification.

Ralentir

Avez-vous déjà entendu l'une de ces phrases sur le monde des affaires ?

- Ce sont les rapides qui mangent les lents.
- Faites vite ou mourez.
- C'est urgent.
- Il faut que ce soit fait hier.
- Accélérez, ne nous ralentissez pas.
- Ils ne travaillent pas assez vite.
- Nous n'avons pas toute la journée.
- Dépêchez-vous !
- Faites-le !

Dans notre monde des affaires, nous sommes bombardés chaque jour et chaque heure de tâches ou de décisions apparemment critiques qui doivent être prises immédiatement. Nous pouvons facilement nous réconcilier avec le faux soulagement de « Eh bien, c'est juste du business ».

Je suis trop souvent tombé dans ce même piège. Lorsque je dirigeais une petite entreprise de construction de maisons, la pression pour effectuer un nouveau retrait bancaire afin de payer mon équipe de charpentiers m'obligeait à sauter d'une maison à l'autre pour terminer l'étape la plus rapide et effectuer le retrait bancaire le plus rapide. Le propriétaire de l'entreprise n'a jamais compris pourquoi je sautais d'une maison à l'autre dans un ordre qui semblait aléatoire, plutôt que de terminer une maison et de passer à une autre.

Avec le recul, je constate que j'étais totalement guidé par l'argent et que je me dépêchais d'obtenir le prêt à la construction le plus rapidement possible. Mais comme j'avais des employés à payer (y compris les miens) et des sous-traitants à rémunérer, je ne connaissais pas d'autre solution.

J'aurais aimé que quelqu'un m'apprenne à ralentir, comme Jésus.

> Les scribes et les pharisiens lui amenèrent une femme surprise en flagrant délit d'adultère. Quand ils l'eurent placée au milieu, ils lui dirent : « Maître, cette femme a été surprise en flagrant délit d'adultère. Or, Moïse, dans la Loi, nous a prescrit de la lapider. Et toi, que dis-tu ? » Ils le mettaient à l'épreuve, afin d'avoir quelque chose à lui reprocher. Mais Jésus se baissa et écrivit sur le sol avec son doigt, comme s'il n'entendait pas. Comme ils continuaient à l'interroger, il se releva et leur dit : « Celui de vous qui est sans péché, qu'il lui jette d'abord la pierre ». Il se baissa de nouveau et écrivit sur le sol. Ceux qui l'avaient entendu, convaincus par leur conscience,

sortaient les uns après les autres, en commençant par
les plus âgés jusqu'aux derniers. Jésus resta seul, avec
la femme qui se tenait au milieu. (Jean 8 : 3-9)

Voici le contexte. Des chefs religieux font irruption dans la cour
du temple où Jésus enseigne à une foule nombreuse, embarrassent
cruellement une femme en public et exigent devant tout le monde
que Jésus leur donne une réponse immédiate à leur question.

Tout le monde pouvait voir que ces hommes étaient très
sérieux, littéralement, puisqu'ils portaient des pierres à la main,
menaçant de tuer la femme ou peut-être Jésus lui-même.

Ils placent Jésus devant un dilemme : tuer la femme comme
l'enseigne la Loi ou la libérer et enfreindre la Loi.

Comment Jésus a-t-il réagi face à cette situation qui mettait sa
vie en danger ?

Il s'est agenouillé et a écrit dans la poussière... sans rien dire !

Cela a rendu les hommes encore plus furieux. Vous pouvez
sentir leur indignation injustifiée lorsqu'ils demandent à nouveau à
Jésus de répondre à leur question : « Qu'en dis-tu ? La tuer ou la
libérer ? L'option A ou l'option B ? Réponds-nous... MAINTENANT ! »

Comment Jésus a-t-il réagi à cette seconde situation, encore plus
grave, qui mettait sa vie en danger ?

Il a continué à écrire dans la poussière.

Quand et seulement quand Jésus fut prêt à répondre, il se leva
et déclara (selon mes termes) : « Je dis Option C... Allez-y et tuez-la
si vous n'avez jamais péché vous-même ». Il s'est ensuite agenouillé
et a continué à écrire dans la poussière.

Que faisait Jésus lorsqu'il s'est agenouillé pour la première fois ?
Pourquoi a-t-il fait cela ? Que faisait-il ? Pourquoi n'a-t-il rien dit ?

Je crois qu'il a ralenti pour demander au Saint-Esprit vivant en
lui : « Esprit, que veux-tu que je dise et que je fasse ? »

Je crois qu'il a fait exactement ce que l'Esprit lui a demandé de
faire. Ses instructions ont pu inclure : « Arrête-toi ici pour faire de
l'effet. Faisons en sorte qu'ils ressentent tous la pression un peu plus
intensément ».

Il n'y a aucun moyen terrestre et rationnel d'arriver à cette réponse. Elle était surnaturelle. Seul le Saint-Esprit aurait pu lui donner cette réponse.

La seule explication logique de sa réponse étonnante, hors du monde, est qu'elle provient d'un Esprit étonnant, hors du monde.

Tout comme Jésus a ralenti pour vérifier son esprit dans une situation où sa vie était en danger, vous pouvez ralentir et vérifier votre esprit dans n'importe quelle situation professionnelle à laquelle vous êtes confronté.

Bloquer l'extérieur

Les hommes qui entouraient Jésus exigeaient une réponse et l'exigeaient maintenant. Leur pression venait de l'extérieur.

Si Jésus s'était laissé guider par la pression de la situation, il aurait pu prendre une décision rapide et terrible. Au lieu de cela, il a choisi de se laisser guider de l'intérieur, là où règne l'Esprit.

Nous avons tous, dans le monde des affaires, ressenti une telle pression. Nous avons tous été poussés à faire des choses comme...

- Signer un contrat avant la date limite

- Embaucher une personne pour occuper un poste vacant plutôt que pour contribuer à la croissance de l'entreprise.

- Donner trop de bénéfices pour simplement conclure une affaire.

- Prendre une décision rapide lors d'une réunion uniquement parce que les autres l'attendent de vous.

- Accepter de participer à une réunion ou à un déjeuner alors que vous n'en avez ni l'envie, ni le temps, ni les moyens.

- Rédiger une proposition rapide et bâclée parce que le potentiel client s'attend à ce que vous le fassiez tout de suite.

Voici ma liste, les façons dont j'ai subi des pressions sans bloquer l'extérieur. Peut-être pouvez-vous vous identifier à certaines d'entre elles.

Vous vous demandez peut-être : « Alors, Jim, êtes-vous en train de nous dire d'ignorer tout ce qui se passe à l'extérieur et de ne vérifier qu'à l'intérieur avant de prendre une décision professionnelle ? » Non, pas du tout.

Dieu nous a donné un esprit capable de lire, de rechercher, d'analyser, de réfléchir, de rechercher des faits, d'évaluer et de sonder. Il attend de nous que nous utilisions au mieux l'intelligence humaine que Dieu nous a donnée pour comprendre tout ce que nous pouvons.

Mais lorsque vous avez fait tout ce que vous pouviez faire, avant de prendre la décision finale d'agir, écoutez à nouveau de l'intérieur, là où réside l'Esprit de Dieu.

Rappelez-vous que le Saint-Esprit vous incite de l'intérieur. L'ennemi essaie de vous mettre la pression de l'extérieur !

Vous devez toujours passer outre les voix extérieures qui tentent de vous mettre la pression en vous appuyant sur le Saint-Esprit qui vous incite à agir.

VÉRIFICATION FINALE

La *vérification finale* est souvent un moyen rapide de s'assurer que l'on a bien entendu le Saint-Esprit. Il ne s'agit pas d'une tentative pour retarder ou pour reporter l'action, mais d'une simple exhortation à prendre le temps de procéder à une dernière vérification intérieure.

Dans le cadre de mon ministère, je voyage dans tous les États-Unis et parfois à l'étranger pour conseiller, parler et travailler avec des chefs d'entreprise. Lorsque je suis assis dans l'avion et que j'attends le décollage, je regarde par le hublot et je remarque souvent l'un des pilotes qui inspecte lentement le fuselage, les ailes et le train d'atterrissage de l'avion avant le décollage. En tant que client, je trouve rassurant que le pilote prenne le temps d'effectuer une dernière vérification de certains systèmes opérationnels clés.

Même si le vol part avec quelques minutes de retard en raison du contrôle de sécurité effectué par le pilote, pensez-vous que cela me contrarie ? Pas du tout. Je suis ravi que l'équipage ait pensé suffisamment à sa profession pour assurer, du mieux qu'il le pouvait, la sécurité de l'avion.

Je recommande à tous mes collègues du ministère des affaires de mettre de côté leurs données, rapports, papiers et notes avant de prendre leur prochaine décision importante et de s'isoler dans un endroit calme pour demander à l'Esprit ce qu'il convient de faire.

Souvent, cette dernière vérification :

- vous éloigne de l'environnement sous pression
- vous rassure sur la meilleure décision à prendre
- renforce la confiance et la clarté de votre esprit quant au bien-fondé de la décision.

Vous pouvez alors aller de l'avant et agir avec un sentiment de paix concernant la décision.

Plan d'action « Vérifier avant d'agir »

La deuxième clé pour libérer la puissance du Saint-Esprit dans vos affaires est de vérifier avant d'agir, donc...

- Ralentissez.

- Bloquez l'extérieur.

- Faites une dernière vérification.

Au cours de la semaine prochaine, intégrez ces trois étapes critiques dans votre processus de prise de décision. Utilisez ensuite ce plan d'action pour vous aider à clarifier la manière dont vous avez activé la fonction "Vérifier avant d'agir" pour chaque décision. Cette action simple peut être utilisée à tout moment pour renforcer votre confiance dans le fait que le Saint-Esprit dirige vos décisions.

Décision n° 1 : _____

Comment avez-vous fait pour ralentir ?

Comment avez-vous fait pour bloquer l'extérieur ?

Qu'est-ce que la vérification finale a confirmé ?

Décision n°2 : _____

Comment avez-vous fait pour ralentir ?

Comment avez-vous fait pour bloquer l'extérieur ?

Qu'est-ce que la vérification finale a confirmé ?

Décision n° 3 : _____

Comment avez-vous fait pour ralentir ?

Comment avez-vous fait pour bloquer l'extérieur ?

Qu'est-ce que la vérification finale a confirmé ?

Décision n° 4 : _____

Comment avez-vous fait pour ralentir ?

Comment avez-vous fait pour bloquer l'extérieur ?

Qu'est-ce que la vérification finale a confirmé ?

Décision n° 5 : _____

Comment avez-vous fait pour ralentir ?

Comment avez-vous fait pour bloquer l'extérieur ?

Qu'est-ce que la vérification finale a confirmé ?

5.3. RECHERCHER UN TEMOIN

> _Témoin (n) : attestation d'un fait ou d'un événement ; quelqu'un qui a une connaissance personnelle de quelque chose._

La troisième clé pour libérer la puissance du Saint-Esprit dans vos affaires est la recherche d'un témoin.

D'innombrables affaires criminelles en Amérique ont été jugées sur la base du seul témoignage d'un témoin, quelqu'un qui était sur les lieux du crime et qui sait ce qui s'est passé. Grâce à son esprit, il est en mesure de confirmer la véracité de son expérience. Quelles que soient les preuves opposées, le témoignage d'un seul témoin peut facilement l'emporter sur les voix de dizaines d'experts qui n'ont pas été témoins.

Il en va de même pour votre esprit, votre unique témoignage spirituel, tout-puissant, omniscient et interne.

Le vrai témoin

> *Un témoin fidèle ne ment pas, mais un faux témoin profère des mensonges.*

—Proverbes 14 : 5

Avez-vous déjà entendu quelqu'un vous mentir au travail ? Un employé ? Un patron ? Un fournisseur ? Un client ? Bien sûr que oui. Si vous êtes en activité depuis plus de 24 heures, quelqu'un vous a probablement raconté un petit ou un gros mensonge.

Mais comment avez-vous su qu'il s'agissait d'un mensonge ? Qu'est-ce qui vous a dit que cette personne n'était pas sincère ? Qu'est-ce qui vous a permis de voir clair dans ce mensonge ?

La réponse est simple. Vous connaissiez déjà la vérité !

Qu'il s'agisse d'un ensemble de chiffres financiers ou opérationnels, de l'historique de la transaction, d'un élément manquant dans un rapport ou même d'une autre personne, quelque chose en vous avait déjà le sens de la vérité. Il était facile de reconnaître un imposteur.

Dans de nombreux cas, c'est le Saint-Esprit, le véritable témoin vivant à l'intérieur de vous, qui a confirmé la véracité ou la fausseté de l'affirmation.

Cependant, il arrive que nous soyons tous bernés. Nous entendons quelque chose et pensons : "Je ne sais pas. Cela sonne bien. C'est raisonnable. Je suppose que c'est possible. Je n'en suis pas sûr et je ne voudrais pas les accuser de quelque chose et avoir tort".

Quand sommes-nous bernés ? Lorsque nous retombons dans nos vieilles habitudes d'être guidés par la tête, les idées ou les sentiments plutôt que par l'Esprit.

Comment distinguer le vrai témoin du faux témoin ?

Le vrai témoin vous donne...

- La paix (Phil. 4 : 7)
- L'unité (Eph. 4 : 3)
- La patience (Gal. 5 : 5)
- La force (Eph. 3 : 16)
- La perspicacité (1 Cor. 2 : 10, 13)
- La joie (1 Thes. 1 : 6)
- Le réconfort (Actes 9 : 31)
- Le fruit (Gal. 5 : 22-23)

Le faux témoin vous cause...

- Le désarroi
- Le malaise
- L'anxiété
- La faiblesse
- La confusion
- La peur
- L'incertitude
- Le stress

Vos meilleures décisions contiennent toujours plus de la première liste que de la seconde.

Lorsque vous cherchez un témoin pour une décision, gardez ces listes à portée de main pour vous rappeler comment distinguer rapidement le véritable témoin du faux témoin.

Rappelez-vous que le Saint-Esprit vous guidera dans toute la vérité (Jean 16 : 13). Vous n'avez besoin que d'un seul témoin, le vrai témoignage de l'Esprit Saint.

Un seul témoin suffit

L'Esprit lui-même témoigne par notre esprit que nous sommes enfants de Dieu.

—Romains 8 : 16

Dans le monde des affaires, on dit souvent des chefs d'entreprise qu'ils se sentent seuls en haut de l'échelle.

En tant que chef d'entreprise, vous prenez chaque jour des dizaines de décisions. Plus votre position est élevée, plus l'impact de votre décision sur votre entreprise est important. Et souvent, plus la décision est importante, moins le nombre de personnes que vous êtes libre d'impliquer dans la décision est élevé.

On se sent parfois seul au sommet de l'entreprise.

Et la solitude n'est jamais plus grande que lorsque vous êtes seul sur une question.

Que vous soyez au sommet ou à la base de la chaîne de commandement de l'entreprise, vous êtes confronté à des moments et à des décisions où vous êtes la seule personne à défendre un point de vue. Dans ces moments-là, vous cherchez quelqu'un pour vous soutenir, pour venir à votre secours et pour vous rassurer sur votre position.

C'est le moment idéal pour rechercher le seul vrai témoin, le Saint-Esprit, car il suffit.

C'est comme un feu de circulation. En Amérique, nos feux de circulation ont trois couleurs. Le rouge signifie Stop. Le jaune signifie qu'il faut ralentir et faire preuve de prudence. Le vert signifie aller de l'avant.

D'après mon expérience, le Saint-Esprit donne parfois un feu rouge, parfois un feu jaune et parfois un feu vert.

Voici donc une façon de rechercher un témoin. Si vous sentez...

- **Anxiété ou incertitude** : Stop ! Il s'agit probablement d'un feu rouge.

- **Rien** : Attendez et continuez à chercher. Il s'agit probablement d'un feu jaune.

- **Paix et puissance** : Allez-y et allez-y MAINTENANT ! Vous avez le feu vert du Saint-Esprit pour passer à l'action !

Deux témoins, c'est encore mieux

Il nous a paru bon, étant réunis d'un commun accord, d'envoyer chez vous des hommes choisis, avec nos bien-aimés Barnabé et Paul.

—Actes 15 : 25

Car il a paru bon au Saint-Esprit et à nous de ne vous imposer d'autre fardeau que celui de ces choses nécessaires.

—Actes 15 : 28

Cependant, il a semblé bon à Silas de rester sur place.

—Actes 15 : 34

Le dictionnaire Strong définit le témoignage comme « témoigner conjointement, c'est-à-dire corroborer par des preuves (concomitantes), témoigner de, porter un témoignage conjoint ». Dans chacun des versets ci-dessus, les croyants se sont réunis en tant que témoins conjoints de la même décision. La phrase « Il a semblé bon au Saint-Esprit et à nous » est un parfait exemple de témoignage conjoint. Le Saint-Esprit leur a dit individuellement : « Oui, c'est une bonne décision », puis ils se sont mis d'accord ensemble avec leurs témoins internes.

Bien que votre témoignage individuel avec le Saint-Esprit soit suffisamment certain, le témoignage de deux croyants ou plus est encore meilleur !

Voici un exemple de la puissance du témoignage de deux personnes.

Récemment, je me suis adressé à un grand groupe de chefs d'entreprise chrétiens lors du discours de clôture d'une conférence régionale. J'ai donné un bref aperçu des principes contenus dans ce livre. Pendant le discours, j'ai senti que le Saint-Esprit me poussait à consacrer plus de temps à la recherche d'un témoin interne que ce que j'avais préparé à l'origine.

Trois jours après la conférence, j'ai reçu un long courriel de l'un des participants à la conférence, un homme d'affaires et un membre fondateur de cette prestigieuse organisation d'affaires chrétienne.

Après un rapide aperçu du problème, il a écrit dans son e-mail :

En résumé, je suis rentré chez moi en voiture hier soir et je me suis souvenu de votre message. J'ai éteint la radio et demandé verbalement au Saint-Esprit ce que je devais faire dans cette situation. J'ai été impressionné par le fait d'appeler mon assistante administrative et de lui demander son avis sur la question (c'est une fille GÉNIALE, qui aime le Seigneur, mais je n'ai JAMAIS fait cela !)

Mon ami a poursuivi en décrivant comment, ensemble, ils ont eu un témoin intérieur puissant et rapide avec une grande solution. Il a conclu son e-mail en déclarant :

(Inutile de dire que) Seul, je n'aurais JAMAIS trouvé cette solution. Je ne sais pas combien d'autres personnes à cette réunion ont eu une application IMMÉDIATE des principes que vous avez enseignés, mais moi oui, et j'apprécie le fait que vous ayez obéi au Seigneur et que vous ayez fait l'effort de parler à notre groupe !

C'est un exemple parfait de recherche d'un témoin intérieur. Vous pouvez sentir sa confiance et sa joie de rechercher le témoignage d'un collègue croyant au travail.

Lorsque vous avez une équipe puissante de témoins intérieurs croyants au travail, vous pouvez surmonter n'importe quel problème ou situation pour votre entreprise.

Cependant, la recherche d'un témoin intérieur au travail n'est pas toujours facile ou rapide. Le problème se pose lorsque vous recherchez un témoin intérieur et que vos décisions ne s'alignent pas, ils ne sont pas du même côté de la question. Que faire alors ?

Mon coach en médias sociaux et en stratégie de site web est un croyant merveilleux, rempli de l'Esprit, et un auteur à succès. Il connaît mon ministère des affaires aussi bien, voire mieux, que moi. Il continue d'accompagner et de guider tous mes efforts en matière de marketing numérique et de positionnement.

Naturellement, je lui demande souvent : « Voici ce que je pense. As-tu un témoignage à ce sujet ? »

Souvent, il confirme immédiatement ce que je pressens. Parfois, ce n'est pas le cas. Il désapprouve et suggère quelque chose de différent.

Maintenant, que dois-je faire ?

Parce qu'il a une connaissance si intime de ma plateforme, de mes objectifs et de la façon dont Dieu m'a appelé à remplir ma mission dans son plan parfait, je retourne encore une fois chercher mon témoignage personnel sur la décision.

Aller plus loin avec le Saint-Esprit ne fait que m'entraîner dans une relation plus étroite et plus puissante avec Lui, non seulement pour cette décision, mais aussi pour la vie. Souvent, il suffit d'un court instant pour que sa décision s'installe dans mon esprit.

En fin de compte, la décision m'appartient. Je fais ce que je suis amené à faire. Et le temps supplémentaire passé avec le Seigneur me donne plus de force, de paix et d'engagement.

Ce qui est amusant, c'est qu'après avoir mis en œuvre ma décision, mon ami me dit souvent : « Maintenant, je vois plus clairement pourquoi tu as choisi cette option. Je n'y avais pas pensé sous cet angle. Je sais que cela te conviendra ».

En définitive, j'obtiens le témoignage conjoint que je recherchais au départ. Je n'ai eu qu'à faire un pas dans la foi en réponse à mon témoignage personnel.

La meilleure stratégie de renforcement de l'esprit d'équipe

> Hé, Tom, je peux te demander de l'aide ? Je suis sur le point de prendre une grande décision... Je veux être sûr que le Seigneur me dit exactement ce qu'il veut que je fasse. Voici ce que j'ai l'impression qu'il me dit... As-tu un témoignage à ce sujet ?

Imaginez la réaction enthousiaste de Tom, un autre croyant des 2% dans votre entreprise.

Imaginez l'humilité et l'émotion qu'il éprouverait à l'idée qu'on lui demande de vous aider à résoudre une question aussi importante.

Si Tom connaît le pouvoir du témoin intérieur, il saura quoi faire.

Pensez aux nombreux avantages qu'il y a à renforcer l'esprit d'équipe et à inviter d'autres personnes à devenir vos témoins au travail. Chercher un témoin parmi vos collègues...

- Renforce la confiance dans vos décisions.

- Consolide les fondements bibliques de votre entreprise.

- Démontre votre volonté d'écouter le cœur et l'esprit de votre équipe.

- Développe le muscle spirituel et le discernement dans votre entreprise.

- Rappelle aux autres de faire de même en ce qui concerne leurs décisions.

- Rassure les autres, même dans les décisions sur lesquelles ils ne sont pas d'accord.

C'est la question la plus puissante jamais posée à une équipe : « AVEZ-VOUS UN TÉMOIN ? »

Application personnelle de la vie

Il y a longtemps, j'ai commencé à adopter une nouvelle approche pour prendre des décisions avec Brenda, ma femme intelligente, belle et remplie de l'Esprit.

Comme la plupart des maris, j'avais l'habitude de lui demander...

- « Qu'est-ce que tu RESSENS à ce sujet ? »

- « Qu'en PENSES-tu ? »

- « Quelle est ton OPINION à ce sujet ? »

Aujourd'hui, lorsque je lui demande son avis sur une décision importante, je me contente de lui demander : « As-tu un TÉMOIGNAGE à ce sujet ? »

Cette approche fait immédiatement basculer sa prise de décision d'un sentiment, d'une tête ou d'une opinion à une conduite par l'Esprit.

Parce qu'elle a le même Saint-Esprit qui vit en elle que moi, nous prenons maintenant des décisions en cherchant un co-témoin.

Les résultats sont stupéfiants. En changeant la structure de la question, nous marchons maintenant de manière encore plus puissante en tant que couple.

Plan d'action pour *la recherche d'un témoin*

Voici un plan d'action simple, en quatre questions, pour la recherche d'un témoin. Répondez-y dans l'ordre.

Décision n° 1 _____

Ai-je un témoin personnel pour cette décision ou cette action ?

Ai-je besoin d'un témoin intérieur ?

Si oui, à qui dois-je demander un témoin intérieur ?

A-t-il/elle un témoignage à ce sujet ?

Ma décision en tant que témoin est la suivante :

Décision n° 2 _____

Ai-je un témoin personnel pour cette décision ou cette action ?

Ai-je besoin d'un témoin intérieur ?

Si oui, à qui dois-je demander un témoin intérieur ?

A-t-il/elle un témoignage à ce sujet ?

Ma décision en tant que témoin est la suivante :

Décision n° 3 _____

Ai-je un témoin personnel pour cette décision ou cette action ?

Ai-je besoin d'un témoin intérieur ?

Si oui, à qui dois-je demander un témoin intérieur ?

A-t-il/elle un témoignage à ce sujet ?

Ma décision en tant que témoin est la suivante :

Décision n° 4 _____

Ai-je un témoin personnel pour cette décision ou cette action ?

Ai-je besoin d'un témoin intérieur ?

Si oui, à qui dois-je demander un témoin intérieur ?

A-t-il/elle un témoignage à ce sujet ?

Ma décision en tant que témoin est la suivante :

Décision n° 5 _____

Ai-je un témoin personnel pour cette décision ou cette action ?

Ai-je besoin d'un témoin intérieur ?

Si oui, à qui dois-je demander un témoin intérieur ?

A-t-il/elle un témoignage à ce sujet ?

Ma décision en tant que témoin est la suivante :

5.4. Ne Pas Éteindre L'esprit

Éteindre (v) : mettre hors service, étouffer, mettre fin à quelque chose.

La quatrième clé pour libérer la puissance du Saint-Esprit dans vos affaires est de ne pas éteindre l'esprit.

J'étais adolescent pendant la guerre du Vietnam. Chaque jour, pendant des années, au cours des journaux télévisés nocturnes, nous avons entendu le décompte des victimes de la journée, le nombre de héros confirmés qui sont morts pour notre pays.

L'un des éléments les plus dramatiques de la guerre était d'apprendre que de nombreux hommes étaient détenus comme prisonniers de guerre dans ce que l'on appelait de manière sinistre le « Hilton de Hanoï », un vaste complexe où les soldats étaient impitoyablement torturés pendant des années.

Depuis près de dix ans, mon ami, le Dr Steve Linnville, fait partie d'une équipe phénoménale de spécialistes médicaux et psychologiques qui étudient les effets mentaux et physiques de la captivité sur les prisonniers de guerre du Vietnam, de l'opération Tempête du désert et de l'opération Iraqi Free-dom. Des centaines de ces héros, hommes et femmes, se rendent fréquemment au centre Robert E. Mitchell sur la base aéronavale de Pensacola pour y subir des évaluations physiques approfondies.

L'une des principales questions posées dans le cadre de cette recherche longitudinale est la suivante : « Quelles sont les principales différences entre les soldats qui ont survécu à des années d'horribles tortures et ceux qui n'y ont pas survécu ? »

La conclusion la plus étonnante de leur recherche à ce jour est peut-être la suivante : L'optimisme est la caractéristique la plus importante pour prédire la résilience et l'absence de troubles psychologiques.

Le plus grand facteur de résilience est la foi. Pour beaucoup, la foi était en Dieu. Pour d'autres, la foi en un avenir meilleur.

Pourquoi mentionner les résultats d'une recherche portant sur les prisonniers de guerre rapatriés dans un livre qui explique comment libérer l'Esprit Saint dans le monde des affaires ?

Tout d'abord, le Saint-Esprit m'a poussé à le faire.

Deuxièmement, ceux qui ont survécu après avoir subi des tortures physiques et mentales extrêmes, minute après minute, heure après heure, jour après jour et année après année, l'ont fait parce qu'ils n'ont pas éteint l'esprit qui vivait en eux.

Oui, de nombreux prisonniers de guerre du Vietnam sont croyants, et même les quelques histoires que j'ai entendues sur leur traitement inhumain font paraître mes soi-disant défis personnels et professionnels bien insignifiants.

> Réjouissez-vous toujours, priez sans cesse, rendez grâces en toutes choses, car telle est la volonté de Dieu à votre égard dans le Christ Jésus. N'éteignez pas l'Esprit. (1 Thes. 5 : 16-19)

Admettons la vérité : il est facile d'éteindre l'Esprit.

Le dimanche est le jour où nous nous réunissons traditionnellement dans nos maisons de culte, chantant des chansons, remerciant Dieu pour son Esprit, et parfois écoutant des messages et des versets bibliques sur les voies et les merveilles du Saint-Esprit.

Nous prions et disons amen en sentant que quelque chose se passe à l'intérieur de nous, quelque chose de bon et quelque chose qui nous pousse à réfléchir profondément à notre marche spirituelle personnelle avec Dieu.

Après le culte, nous sourions et serrons la main de nos amis, parlons de l'excellent message et de la musique, plaisantons sur le fait que nous avons été « convaincus », et nous nous dirigeons vers la maison ou vers un restaurant. À peine avons-nous quitté le parking de l'église que nous avons également abandonné les enseignements, les messages, les textes bibliques et les incitations à l'intérieur du bâtiment de l'église.

Faut-il s'étonner que tant d'entre nous ne voient que rarement la puissance du Saint-Esprit se manifester dans notre travail ?

Il est si facile de laisser les enseignements, les impressions et les exhortations de nos chefs spirituels sur les bancs et dans les couloirs d'un bâtiment désigné pour le dimanche.

Nous pouvons si facilement éteindre l'Esprit de Dieu.

Il y a trois façons d'éteindre l'Esprit : en l'ignorant, en l'étouffant et en l'affligeant.

1. L'ignorer

Vous avez des yeux, ne voyez-vous pas ? Et vous qui avez des oreilles, n'entendez-vous pas ? Et ne vous souvenez-vous pas ?

—Marc 8 : 18

Ignorer signifie refuser de montrer que l'on entend ou que l'on voit et ne rien faire à propos de quelque chose ou de quelqu'un. Le moyen le plus facile d'éteindre le Saint-Esprit est peut-être de l'ignorer.

Pendant mon contrat avec une ancienne entreprise cliente, le propriétaire a demandé à un commercial de préparer un plan de mise en application dans toute l'entreprise des principes de leadership énoncés dans mon livre, *The Impacter*. Bien que j'aie été engagé et que je sois entièrement à sa disposition, je n'ai été impliqué dans le projet qu'à la fin, après que le plan ait déjà été développé par le vendeur.

L'auteur du « livre » (moi) était assis dans la pièce.

L'auteur du « livre » était disponible, prêt à aider, mais ignoré.

Rappelez-vous que l'auteur du livre (la Bible) vit en vous. Il est prêt et disponible à tout moment pour vous guider et vous indiquer comment intégrer sa sagesse parfaite dans votre entreprise.

Décidez dans votre cœur de ne plus jamais ignorer le Saint-Esprit (Jean 14 : 26).

2. L'étouffer

Étouffer signifie couvrir quelque chose pour l'empêcher de croître ou de se répandre ... pour essayer d'empêcher quelque chose de se produire.

Parfois, la réponse semble évidente. Il est évident que nous devons...

- Investir dans cet équipement
- Participer à ce salon professionnel
- Participer à ce nouveau programme publicitaire
- Licencier cet employé
- Prendre en charge ce problème

Il est facile de se laisser guider par ce qui semble évident.

Dans Luc 10 : 40, Marthe, qui préparait frénétiquement un repas, a grossièrement interrompu l'enseignement de Jésus devant une maison remplie d'invités.

Elle a tenté d'étouffer l'Esprit en interrompant Jésus, en consultant sa sœur et en disant à Jésus ce qu'il devait faire. Ce qui paraissait évident à Marthe (les gens ont besoin d'être nourris maintenant) n'était pas la chose la plus importante à ce moment-là (écouter Jésus).

Tous les participants, y compris Marthe, ont appris qu'il est bien plus important de se concentrer sur les enseignements de Jésus et de ne pas étouffer son Esprit qui veut agir à travers eux.

Comment pouvons-nous étouffer l'Esprit Saint dans les affaires ? Quand...

- Tous les faits disent une chose, mais le Saint-Esprit en dit une autre.
- Tous les experts disent une chose, mais le Saint-Esprit en dit une autre.

- Tout votre personnel dit une chose, mais le Saint-Esprit en dit une autre.

- Vous refusez de chercher un témoin intérieur.

- Vous entendez dire : « Donne-lui ta chemise », mais vous vous empressez d'écarter cette idée de votre esprit.

Sachez que l'ennemi n'aime rien si ce n'est vous pousser à étouffer le Saint-Esprit dans vos affaires.

3. L'attrister

N'attristez pas le Saint-Esprit de Dieu, par lequel vous avez été scellés pour le jour de la rédemption.

—Éphésiens 4 : 30

Avez-vous déjà fait quelque chose que vous saviez être mal, mais que vous avez continué à faire malgré tout ?

Manger plus que vous ne devriez la plupart du temps ? Ignorer votre conjoint ou votre famille pendant votre temps libre en ne faisant que ce que vous voulez faire ? Dire à vos enfants que vous êtes trop fatigué pour jouer avec eux en ce moment, mais qu'ils vous le redemanderont demain ?

Ou, dans vos affaires, vous êtes-vous déjà convaincu de...

- Garder un employé qui aurait dû partir il y a des années ?

- Retarder le paiement de vos fournisseurs pour améliorer votre trésorerie à court terme ?

- Tourner la tête lorsqu'un employé important trompe sa femme ou enfreint de manière flagrante la politique de l'entreprise ?

- Permettre à un client de longue date de traiter vos employés avec impolitesse ou manque de respect ?

Attrister signifie faire en sorte que quelqu'un se sente triste ou malheureux... le faire souffrir. Oui, vous pouvez attrister le Saint-Esprit par le biais de vos affaires. Vous pouvez aussi l'attrister avec des insultes.

De quel pire châtiment, pensez-vous, sera jugé digne celui qui a foulé aux pieds le Fils de Dieu, qui a banalisé le sang de l'alliance par lequel il a été sanctifié, et qui a insulté l'Esprit de grâce. (Héb. 10 : 29)

L'un des moyens les plus faciles que j'ai appris à utiliser pour être plus sensible à la manière dont l'Esprit est attristé consiste à être plus conscient des moments où je secoue simplement la tête en signe d'incrédulité à cause des actions d'une autre personne.

Lorsque je suis au sommet de mon art de libérer la puissance du Saint-Esprit, je me demande : « Pourquoi ai-je secoué la tête à ce moment-là ? »

Dans la plupart des cas, il s'agit d'une réaction raisonnable en réponse à quelqu'un qui me coupe la route dans les embouteillages, qui ne fait pas attention et qui bloque toute l'allée avec son chariot, etc.

Au travail, vous pouvez vous retrouver à secouer la tête pour des choses comme...

- Ce que certaines personnes disent en réunion.

- Les dirigeants qui sont constamment en retard à leurs propres réunions.

- La réticence d'une personne ou d'une équipe à accomplir une tâche qui lui a été confiée.

- Le travail bâclé.

- Les cafetières vides laissées dans la salle de pause par la dernière personne à avoir rempli sa tasse.

Je me demande délibérément si ces actions attristent ma chair ou si elles attristent l'Esprit qui est en moi.

Dans de nombreux cas, il ne s'agit que de ma chair. Prenons l'exemple de la cafetière vide. Je me rappelle que mon Sauveur est venu pour servir et non pour être servi. Par conséquent, c'est une bénédiction pour les autres de nettoyer le marc de café, de verser de l'eau propre dans le récipient et de préparer une cafetière bien chaude et fraîche pour tout le monde.

Il s'agit d'un exemple simple, mais trop fréquent, de la façon de transformer un problème de chair en une bénédiction pour les autres.

Si le problème est douloureux pour ma chair, je le règle si je le peux et je l'oublie.

S'il s'agit d'un problème spirituel, j'y réfléchis plus longuement afin de trouver la raison profonde de mes sentiments. Je demande au Saint Esprit :

- « Pourquoi es-tu attristé par cette situation ? »

- « Que veux-Tu que je fasse à ce sujet ? »

- « Comment puis-je éviter que cela ne se reproduise à l'avenir ? »

- « Qu'est-ce que Tu veux que j'apprenne à ce sujet ? »

- « Que veux-Tu que je dise aux autres à ce sujet ? »

- « Est-ce que c'est quelque chose dont je dois me repentir ? »

La dernière chose dont vous avez besoin dans vos affaires, c'est d'un Saint-Esprit attristé en vous ou dans les autres.

Un Saint-Esprit attristé est une indication directe que vous ou quelqu'un d'autre autour de vous n'est pas sur la bonne voie et a besoin d'être corrigé.

Plan d'action *pour ne pas éteindre l'Esprit*

Réfléchissez à vos problèmes professionnels actuels, à vos priorités et aux pressions qui pèsent sur vous. En ce qui concerne le Saint-Esprit, où l'avez-vous récemment...

Ignoré :

Étouffé :

Attristé :

Prenez 10 minutes pour prier sur ces situations et demandez au Saint-Esprit de vous en parler. Ecrivez ci-dessous ce que l'Esprit vous demande de faire. Remettez ce plan d'action à un partenaire de confiance (conjoint, collègue, mentor spirituel, coach, etc.).). Demandez-lui de chercher un témoin intérieur avec vous pour ces actions, de prier avec vous et de vous tenir responsable de leur mise en œuvre.

Action 1 :

Action 2 :

Action 3 :

Action 4 :

5.5. NE PAS ÊTRE DEPLACE

Déplacer (v) : partir d'un point ou d'un endroit ; changer de position ou de posture.

La cinquième clé pour libérer la puissance du Saint-Esprit dans vos activités est de ne pas se laisser influencer.

Cela peut être difficile à faire. Pourquoi ?

- Vous avez pratiqué.

- Vous avez vérifié votre Esprit avant de prendre la décision finale.

- Vous avez un témoignage fort, que ce soit par vous-même ou avec d'autres.

- Vous avez décidé dans votre cœur de ne pas éteindre l'Esprit.

C'est le moment où Satan sera en mode d'attaque totale. Il fera tout ce qui est en son pouvoir pour vous remplir de doutes, d'incertitudes et d'anxiété. Il sortira toute son artillerie et vous attaquera vicieusement quand...

- Les chiffres ne semblent pas s'additionner.

- L'opinion de la majorité est contre vous.

- Les concurrents s'enfuient lorsque vous entrez.

- Le succès ne semble pas au rendez-vous.

- Le bon sens dit que c'est une décision stupide.

- Tout le monde dit : « Ne le faites pas ! »

Mais vous avez en vous l'avantage ultime et déloyal. Le Saint-Esprit a déjà confirmé en vous que cette décision est la volonté du

Seigneur pour vos affaires. Vous savez que vous savez que vous savez que cette décision vient du Seigneur.

Le moyen le plus rapide, le plus facile et le plus efficace de voir la puissance du Saint-Esprit dans vos affaires (et dans votre vie) est de suivre les instructions que Marie a données aux serviteurs juste avant que Jésus ne change l'eau en vin :

> Sa mère dit aux serviteurs : « Tout ce qu'il vous dira, faites-le ». (Jean 2 : 5)

Faites-le, quoi qu'il vous dise !

Voici trois moyens puissants pour vous aider à ne pas vous laisser abattre : restez concentré, répondez et tenez bon.

1. Rester concentré

> *Frères, je ne me considère pas comme ayant compris ; mais je fais une chose : oubliant les choses qui sont en arrière et m'attachant à celles qui sont en avant, je me presse vers le but pour obtenir le prix de l'appel de Dieu dans le Christ Jésus.*
>
> —Philippiens 3 : 13-14

De nombreux entrepreneurs souffrent de ce que j'appelle le « syndrome de l'écureuil ». Si vous êtes un entrepreneur classique, votre cerveau est toujours actif, pensant et rêvant, ne prêtant guère attention aux détails nécessaires à la réussite. Pour vous, il s'agit d'une nouvelle idée, d'une nouvelle opportunité, d'une nouvelle approche, d'un énorme potentiel et de tout ce qu'il y a de mieux et de plus récent qui se trouve devant vous.

Votre entourage est comme une marmite de popcorn ouverte, un flux ininterrompu d'actions, d'idées et de concepts qui se répandent sur le lieu de travail, créant un grand désordre partout où vous allez.

En tant que conseiller d'entreprise guidé par l'Esprit, j'aide souvent les chefs d'entreprise à clarifier leurs objectifs afin de maximiser leurs forces tout en rendant leurs faiblesses insignifiantes (comme le syndrome de l'écureuil).

De par leur nature même, ces hommes et ces femmes merveilleux, énergiques et intelligents désirent désespérément réussir dans les affaires pour la gloire du Seigneur. Pourtant, ils ne sont pas naturellement faits pour rester concentrés, et c'est donc un défi à la fois professionnel et spirituel que de les responsabiliser et de les maintenir sur la bonne voie.

Je sais que c'est un défi pour eux. Ils savent que c'est un défi pour eux. Et l'ennemi sait aussi que c'est un défi pour eux.

C'est pourquoi il est si important, en ce moment, de ne pas se laisser abattre, car vous savez que cette décision d'agir...

- Vient du Seigneur par la confirmation du Saint-Esprit.
- C'est ce que le Saint-Esprit veut que vous fassiez.
- C'est la façon dont le Saint-Esprit désire que vous procédiez.

Même si le défi est grand, vous pouvez rester concentré.

> C'est ainsi que fit Noé, selon tout ce que Dieu lui commanda, c'est ainsi qu'il fit. (Genèse 6 : 22)

Nous savons que Noé avait 500 ans lorsqu'il a été mentionné pour la première fois dans la Bible (Genèse 5 : 32) et 600 ans lorsqu'il est entré dans l'arche (Genèse 7 : 6). La construction de cette ville flottante a donc pu prendre à sa famille une centaine d'années ou plus.

Imaginez...

- Plus de 100 ans d'insultes et de moqueries quotidiennes de la part de la société civile alors que vous travaillez à l'œuvre du Seigneur.

- Des nuits, des semaines, des mois et peut-être des années de frustration, de lassitude et d'attaques spirituelles sur votre corps, votre esprit et votre âme.

- Des dizaines de personnes non croyantes essayant sans relâche de vous distraire de votre mission et de votre tâche.

- Se concentrer sur un seul et unique objectif pendant plus de 100 ans.

Comme Noé, une fois que vous avez pris votre décision, vous devez rester concentré. Oui, c'est possible, et vous pouvez le faire.

2. Exprimez-vous

Car la parole de Dieu est vivante et puissante, plus tranchante qu'aucune épée à deux tranchants, pénétrante jusqu'à la division de l'âme et de l'esprit, des jointures et des moelles, et elle discerne les pensées et les intentions du cœur.

—Hébreux 4 : 12

L'Esprit vous pousse à réussir. L'ennemi souhaite que vous échouiez.

L'un des meilleurs moyens d'éteindre les dards enflammés de l'ennemi est de lui répondre ! Kyle Winkler écrit dans Silence Satan,

Je pense que lorsque la Parole de Dieu est prononcée par la bouche de ceux qui sont en Christ, elle contient la même puissance que si Dieu l'avait prononcée lui-même. Les mots doivent conserver l'autorité de Dieu,

sinon ils ne pourraient rien accomplir. Après tout, ce
sont ses paroles, pas les nôtres.[1]

Winkler suggère qu'il y a trois avantages primordiaux à
adresser la Parole de Dieu directement à l'ennemi. Premièrement, les
Écritures renouvellent l'esprit. La parole est puissante et « cette
même puissance qui a donné vie à l'univers vous donnera une vie
nouvelle ».[2]

Deuxièmement, elle fait fuir l'ennemi. Winkler écrit : « Le père
du mensonge n'a aucun pouvoir lorsque la vérité du Père est
présente ».[3]

Troisièmement, le fait de parler des Écritures réduit Satan au
silence. Elle lui crie : « Recule, démon ! Je suis armé de la vérité de
Dieu ».[4]

*(Je vous encourage à télécharger la fantastique application gratuite de Kyle,
Shut Up Dev-il ! qui est disponible dans les boutiques d'applications Apple
et Android).*

3. Tenir bon

> *Et voici que je m'en vais lié par l'esprit à Jérusalem, sans
> savoir ce qui m'y arrivera, si ce n'est que le Saint-Esprit
> témoigne dans toutes les villes que des chaînes et des
> tribulations m'attendent. Mais rien de tout cela ne m'émeut,
> et ma vie ne m'est pas chère, afin que j'achève avec joie ma
> course et le ministère que j'ai reçu du Seigneur Jésus, pour
> témoigner de l'Évangile de la grâce de Dieu.*

> —Actes 20 : 22-25

L'avenir s'annonçait sombre. Paul retournait à Jérusalem pour ce qui
allait devenir son arrestation, son dernier voyage à Rome et,
finalement, sa mort. De nombreux collègues de Paul l'ont averti de

ne pas se rendre à Jérusalem. Le prophète Agabus a pris la ceinture de Paul et a prophétisé :

> Les Juifs de Jérusalem lieront l'homme à qui appartient cette ceinture, et ils le livreront aux mains des païens. (Actes 21 : 11)

Pourtant, Paul ne s'est pas laissé décourager. Ce qu'il devait faire, ce que le Seigneur l'appelait à faire, était clair pour lui. Et rien de ce que quelqu'un a pu dire ou faire ne l'a dissuadé de poursuivre sa route.

Il a tenu bon, jusqu'à la mort.

Votre prise de position publique pour Jésus dans le monde des affaires peut entraîner une persécution allant jusqu'à la mort. Mais même si c'est le cas, le Seigneur vous a appelé à le faire. C'est à vous de le faire sans poser de questions.

Le moment est venu de tenir bon, de se reposer dans sa paix (Phil. 4 : 6-7) et de savoir que vos anges armés vous protègent (Héb. 1 : 14), que la Parole est dans votre cœur et dans votre bouche (1 Cor. 2 : 4-5), et que la victoire appartient finalement au Seigneur (1 Jean 5 : 4).

Si la décision est...

- Petite, tenez bon !

- Grande, tenez bon !

- Risquée aux yeux du monde, tenez bon !

- Totalement dépendante de votre témoignage personnel, tenez bon !

Comme Paul.

Une dernière chose

Comme je l'ai déjà mentionné dans la section 4.5, « Renforcez-vous », plus tôt vous revêtirez l'armure complète de Dieu, mieux vous serez préparé à affronter les attaques ultimes de l'ennemi.

Je vous exhorte à toujours vous souvenir de cette dernière chose : tenir bon lorsque vous revêtez l'armure complète de Dieu (Eph. 6 : 10-20). Paul a mentionné le mot « tenir » trois fois dans ces versets afin que nous soyons prêts à bloquer et à détruire les ruses que l'ennemi nous lance.

Si vous tenez bon, couvert de l'armure complète, vous ne serez pas ébranlé !

Plan d'action *pour ne pas se laisser influencer*

Prenez le temps de remplir ce plan d'action. Gardez-le à portée de main.

1. Restez concentré : Dressez la liste des 3 à 5 choses qui vous détournent facilement de la réalisation de vos objectifs professionnels les plus importants.

Distraction n° 1 :

Distraction n° 2 :

Distraction n° 3 :

Distraction n°4 :

Distraction n° 5 :

2. Exprimez-vous : Notez maintenant 3 à 5 versets bibliques que vous devez mémoriser et répétez-les pour vous aider à rester concentré. Par exemple, l'un de mes versets à mémoriser est 1 Corinthiens 2 : 16b, qui se lit comme suit : « Mais j'ai la pensée du Christ ».

Verset 1 :

Verset 2 :

Verset 3 :

Verset 4 :

Verset 5 :

3. Tenir bon : Dans vos propres mots, créez 3 à 5 déclarations personnalisées pour tenir bon que vous pouvez affirmer et prononcer selon vos besoins. Par exemple, l'une de mes affirmations pour tenir bon est tout simplement celle que Paul a criée : « Je ne me laisserai pas abattre ! » Une autre est : « peux tout par le Christ qui me fortifie ! »

Affirmation n° 1 :

Affirmation n° 2 :

Affirmation n° 3 :

Affirmation n°4 :

Affirmation n° 5 :

4. Une dernière chose

> *C'est pourquoi, prenez toutes les armes de Dieu, afin de pouvoir résister au mauvais jour, et de pouvoir tenir bon après avoir tout mis en œuvre. Tenez donc bon, ayez à vos reins la vérité pour ceinture, revêtez la cuirasse de la justice, mettez pour chaussure à vos pieds le zèle que donne l'Évangile de paix ; prenez surtout le bouclier de la foi, avec lequel vous pourrez éteindre tous les traits enflammés du méchant. Prenez aussi le casque du salut et l'épée de l'Esprit, qui est la parole de Dieu.*
>
> —Éphésiens 6 : 13-17

Écrivez ci-dessous les six pièces de l'armure de Dieu. Décidez dans votre cœur qu'en allant au travail, vous les prononcerez à haute voix afin d'être complètement armé et prêt pour les combats commerciaux qui vous attendent. Ce faisant, vous avertissez l'ennemi qu'il n'a ni place ni pouvoir sur vos affaires.

L'armure complète

1.

2.

3.

4.

5.

6.

5.6 PRIER AVEC DES PRIERES AUDACIEUSES

Audacieux (adj) : qui n'a pas peur du danger ou des situations difficiles ; très confiant d'une manière qui peut sembler grossière ou stupide ; qui montre ou exige un esprit audacieux et sans peur.

La sixième clé pour libérer la puissance du Saint-Esprit dans vos affaires est de prier avec des prières audacieuses.

Josué avait gagné bataille après bataille, battant toutes les armées que Dieu lui avait demandé de combattre. Une fois, Dieu lui a dit de marcher toute la nuit et de se préparer à combattre cinq rois qui unissaient leurs forces. Mais à la fin de la journée, la bataille n'était pas terminée. Josué, qui désirait désespérément terminer la bataille en remportant une victoire complète, pria.

> En ce temps-là, Josué parla au Seigneur, le jour où le Seigneur livra les Amoréens aux fils d'Israël, et il dit devant Israël : « Soleil, arrête-toi à Gabaon, et lune, dans la vallée d'Ajalon ». Le soleil s'arrêta, et la lune s'arrêta, jusqu'à ce que la nation se soit vengée de ses ennemis. N'est-ce pas écrit dans le livre du Juste ? Le soleil s'arrêta au milieu du ciel et ne se hâta pas de se coucher pendant près d'un jour entier. (Josué 10 : 12-13 ESV)

L'armée de Josué a vaincu ses ennemis grâce à la réponse de Dieu à une puissante prière d'audace.

Au fil des années, il m'a été beaucoup plus facile de faire des prières audacieuses pour ma femme, mon fils, ma famille, mes amis, mon pasteur et mon église. Mais je n'étais pas à l'aise lorsque je devais le faire pour mes affaires.

J'ai toujours prié pour mes affaires. Il est facile de prier pour obtenir davantage de contrats, des clients qui paient mieux, le redressement d'un employé rebelle, ou même pour que le Seigneur nous aide à annuler un procès ridicule intenté contre moi et l'entreprise. Et qui n'a jamais prié pour se sortir d'un énorme gâchis que nous avons créé (probablement parce que nous n'étions pas guidés par l'Esprit dès le départ) ?

Je ne minimise pas l'importance des prières simples et élémentaires pour nos entreprises. Le Seigneur entend les prières de tous ses enfants.

Ce que je vous exhorte à faire, c'est de passer à une vitesse supérieure dans vos prières, une vitesse qui libère la faveur surnaturelle de Dieu sur vos affaires !

> « Maintenant, Seigneur, regarde leurs menaces, et accorde à tes serviteurs d'annoncer ta parole en toute assurance, en étendant la main pour guérir, et de faire des signes et des prodiges au nom de ton saint serviteur Jésus ». Lorsqu'ils eurent prié, le lieu où ils étaient assemblés fut ébranlé ; ils furent tous remplis du Saint-Esprit, et ils annoncèrent la parole de Dieu avec assurance. (Actes 4 : 29-31)

Il s'agit de la première prière enregistrée des apôtres de la nouvelle Église, quelques jours seulement après la Pentecôte et quelques minutes après avoir été menacés par les chefs religieux de cesser et de s'abstenir !

Confrontés à de graves épreuves, à des coups et même à la mort, les premiers apôtres auraient facilement pu offrir des prières simples, sans prétention, des prières pour nous aider à traverser cette situation, puis continuer tranquillement à vaquer à leurs occupations. *Nous ne voulons certainement pas offenser, bouleverser ou causer des troubles.*

Ils auraient pu emprunter un chemin plus sûr et plus facile, mais ils ont choisi une autre voie. Ils ont choisi de faire passer leurs prières à une vitesse supérieure, plus remplie de l'Esprit.

Ils ont choisi d'aller hardiment devant le trône et de demander plus !

Plus de puissance. Plus de signes et de miracles. Plus D'AUDACE !

Leur maison a été secouée. Leur confiance a été ébranlée. Leur foi s'est accrue.

Et aujourd'hui encore, nous continuons à voir les résultats de cette prière audacieuse : la croissance surnaturelle et l'impact éternel de L'Église dans le monde entier !

Récemment, j'ai commencé à passer des prières sûres, normales et attendues à des prières profondes, dynamiques et audacieuses pour mon entreprise. La différence est énorme.

Alors, à quoi ressemble ce changement ? Voici trois exemples.

> **Sûre :** « Dieu, aide-moi à payer les salaires ce mois-ci ».
>
> **Audacieuse :** « Dieu, libère tes anges gardiens pour qu'ils m'apportent les 100 000 $ dont j'ai besoin pour payer les salaires et pour réinvestir dans cette entreprise pour une nouvelle croissance, au nom de Jésus !
>
> **Sûre :** « Dieu, montre-nous comment augmenter nos ventes de 20% cette année ».
>
> **Audacieuse :** « Dieu, bénis-moi vraiment en multipliant par deux (ou par cinq ou par dix) notre chiffre d'affaires au nom de Jésus ! »

Sûre : « Dieu, aide mon employé, Tony, à restaurer son mariage ».

Audacieuse : « Dieu, je te remercie d'envahir surnaturellement le cœur de Tony et celui de sa femme pour sauver leur mariage de façon puissante et permanente, au nom de Jésus ! »

Maintenant, revenez en arrière et lisez les prières audacieuses, puis posez-vous les questions :

- Quelles sont les prières que vous préféreriez faire pour vos affaires ?

- Quelles prières préféreriez-vous que vos employés fassent pour votre entreprise ?

- Quelles prières pensez-vous que Dieu serait plus enclin à honorer ?

Voici trois choses que vous devez faire pour prier avec des prières plus audacieuses : *demander, croire* et *attendre*.

1 : Demande

> *Jabez invoqua le Dieu d'Israël en disant : « Que tu me bénisses, que tu étendes mon territoire, que ta main soit avec moi, que tu me gardes du mal, que je ne sois pas une cause de souffrance ! » Dieu lui accorda ce qu'il demandait.*

> —1 Chroniques 4 : 10

Bénédiction. Territoire. Puissance. Protection.

Tels sont les quatre domaines que l'homme juste, Jabez, a demandés à Dieu. Pour trop de gens, cette prière semble égoïste. Pour une personne appartenant aux 2% (hommes d'affaires guidés par l'Esprit), elle devrait devenir un modèle pour nos prières d'affaires plus audacieuses.

Dans son livre à succès, *The Prayer of Jabez*, Bruce Wilkinson écrit :

> « Si vous faites vos affaires à la manière de Dieu, il est non seulement juste de demander plus, mais Il attend que vous demandiez. Votre entreprise est le territoire que Dieu vous a confié. Il veut que vous l'acceptiez comme une occasion importante de toucher des vies individuelles, la communauté des affaires et le monde entier pour sa gloire. Lui demander d'élargir cette opportunité ne peut que le réjouir.[5]

Imaginez : Dieu attend que vous lui demandiez plus !

Avez-vous déjà attendu que votre enfant vous demande de l'emmener au parc, de lui apprendre à taper dans un ballon de football, à faire du vélo, à conduire une moto ou une voiture, ou même à demander en mariage sa belle petite amie ?

Souvent, notre réponse interne est : « Enfin ! » Depuis le début, vous vouliez leur donner ce qu'ils demandaient, mais vous saviez que la meilleure chose à faire était d'attendre qu'ils vous le demandent.

C'est exactement ce que fait Dieu. Comme le dit le Dr Wilkinson, « Votre entreprise est le territoire que Dieu vous a confié ». Il est donc normal qu'il soit prêt à bénir vos efforts de manière significative.

Dieu attend que vous demandiez et que vous demandiez beaucoup. Soyez audacieux !

2 : Attendre

Dieu lui accorda ce qu'il demandait.

—1 Chroniques 4 : 10b

Avez-vous compris ? Comment Dieu a répondu à la demande de Jabez ? J'ai ignoré ce verset pendant de très nombreuses années. Aujourd'hui, je me rappelle souvent que c'est ainsi que Dieu répond aux prières justes et audacieuses de croissance pour moi et mon entreprise.

En tant que personnes appartenant aux 2%, nous avons tendance à nous concentrer sur l'audace démesurée de Jabez, demandant directement à Dieu plus d'affaires, un plus grand territoire, une haie plus solide et la délivrance des attaques potentielles de l'ennemi. Néanmoins, nous ne comprenons pas l'importance de la réponse de Dieu.

Dieu a accordé à Jabez ce qu'il demandait ! Dans mes propres mots, Dieu a répondu : « Bien sûr... voici ton augmentation. Je suis heureux que tu me l'aies enfin demandé ! »

Jésus et Jacques nous ont enseigné la même chose :

> Demandez, et l'on vous donnera ; cherchez, et vous trouverez ; frappez, et l'on vous ouvrira. Car quiconque demande reçoit, celui qui cherche trouve, et l'on ouvre à celui qui frappe. (Matt. 7 : 7-8)

> Mais vous n'avez pas parce que vous ne demandez pas. (Jacques 4 : 2b)

J'en dirai plus à ce sujet dans mes prochains livres et enseignements vidéo. Pour l'instant, comprenez simplement que Jabez est décrit comme un homme honorable et juste. C'est ce qui l'a qualifié pour l'augmentation surnaturelle et la faveur de Dieu.

En tant que personne appartenant aux 2%, vous avez hérité de la justice du Christ (1 Cor. 1 : 30). Aux yeux de Dieu, vous êtes aussi juste que Jabez. Par conséquent, vous pouvez vous attendre à des résultats surnaturels pour vos affaires en réponse à vos prières audacieuses.

Il ne suffit pas de demander. Il faut aussi s'attendre à ce que cela se produise !

3 : Croire

Confiez-vous au Seigneur, et il vous donnera les désirs de votre cœur. Confiez votre voie à l'Éternel, confiez-vous à lui, et il l'accomplira.

—Psaume 37 : 4-5

Il faut avoir l'audace de demander.

Vous devez être assez audacieux pour attendre ce que vous demandez.

Enfin, vous devez également être assez audacieux pour croire que vos prières sont suffisamment dignes d'être exaucées.

Il est temps pour toutes les personnes appartenant aux 2%, chacun d'entre nous, de croire qu'il est temps de transformer notre marché pour Jésus.

Il est temps de repousser nos limites !

Il est temps de témoigner d'une croissance surnaturelle !

Il est temps de faire passer nos prières à un niveau d'audace bien plus élevé !

> Mais Jésus les regarda et leur dit : « Pour les hommes, cela est impossible ; mais pour Dieu, tout est possible». (Matt. 19 : 26)

C'est le moment.

Une précaution

Le seul moment où mes prières ne sont jamais exaucées, c'est sur le terrain de golf.

—Billy Graham

J'aime beaucoup jouer. Tout comme l'évangéliste Billy Graham. Alors, pour le plaisir, permettez-moi d'aider mes collègues golfeurs du monde entier avec cette audacieuse prière de golf :

> Seigneur, que tous mes coups de départ atterrissent sur le parcours, que tous mes premiers coups de putter tombent dans la coupe et que tous mes coups de travers marchent surnaturellement sur l'eau, tout comme Jésus ! Amen !

Plan d'action *pour les prières audacieuses*

Écrivez ci-dessous trois domaines dans lesquels vous sentez que le Saint-Esprit vous pousse à prier avec plus d'audace pour vos affaires. Notez ce que pourrait être votre prière de sécurité. Ensuite, après avoir passé du temps avec le Saint-Esprit, écrivez ce qu'il désire que vous fassiez comme prière.

Objectif n° 1 : _____

Sûr :

Audacieux :

Objectif n° 2 : _____

Sûr :

Audacieux :

Objectif n° 3 : _____

Sûr :

Audacieux :

Cet espace de travail est réservé UNIQUEMENT à mes collègues golfeurs !

Objectif sur le golf : _____

Sûr :

Audacieux :

Discussion De groupe

Partagez vos décisions « pratiques ». Qu'avez-vous appris ? Où pouvez-vous vous exercer cette semaine ?

Partagez vos décisions « Vérifier avant d'agir ». Qu'avez-vous appris ?

Discutez de vos plans d'action « Chercher un témoin ». Quels ont été vos défis ? Comment les autres ont-ils réagi ? Qu'est-ce qui vous a surpris ou plu dans la recherche d'un témoin ?

Racontez une situation professionnelle récente dans laquelle vous avez peut-être étouffé le Saint-Esprit. L'avez-vous reconnu à ce moment-là ? Comment le reconnaîtrez-vous à l'avenir ?

Discutez de l'un de vos plans d'action « Ne vous laissez pas abattre ». Pourquoi est-ce si difficile pour les hommes d'affaires ?

Quelles sont les 2 ou 3 prières audacieuses que vous faites aujourd'hui pour vos affaires ? Que ressentez-vous lorsque vous priez ? Quelle hésitation pouvez-vous avoir en priant, et comment pouvez-vous la surmonter ?

---

[1] Kyle Winkler, *Silence Satan: Shutting Down the Enemy's Attacks, Threats, Lies, and Accusations* (Lake Mary, FL: Passio, 2014), 161.

[2] Ibid., 162.

[3] Ibid., 163.

[4] Ibid., 165.

[5] Dr. Bruce H. Wilkinson, *The Prayer of Jabez: Breaking Through to the Blessed Life* (Sisters, OR: Multnomah Publishers, 2000), 31–32.

6

Maintenir Le Cap

Ne nous lassons pas de faire le bien, car nous moissonnerons au temps convenable, si nous ne nous décourageons pas.

—Galates 6 : 9

COMMENCER QUELQUE CHOSE EST FACILE. MAINTENIR LE PROJET ... c'est la partie la plus difficile.

Ce chapitre propose cinq domaines pour vous aider à maintenir votre élan alors que vous commencez à libérer votre avantage déloyal dans les affaires.

6.1. Se Souvenir Des Avantages

Avantage (n) : un résultat ou un effet positif ou utile ; un acte de bonté ; quelque chose qui favorise le bien-être.

Il y a plusieurs années, on m'a diagnostiqué une « tendinite avec arthrose acromio-claviculaire et un petit épanchement articulaire » à l'épaule droite. Le fait est que mon épaule droite me faisait très mal ! La douleur était si forte que je n'arrivais pas à attraper mon mouchoir dans la poche arrière de mon pantalon. La nuit, alors que j'essayais de m'endormir, j'avais l'impression qu'on m'enfonçait une pointe dans la partie supérieure de mon bras droit. À aucun moment je n'ai pu étendre mon bras droit au-dessus de mon épaule.

Lorsque le chirurgien orthopédique de la célèbre Andrews Clinic de Gulf Breeze, en Floride, m'a demandé de commencer un programme de rééducation et d'exercices, il m'a été très facile d'être convaincu de ses bienfaits. J'étais une bombe ambulante de douleur, et il valait mieux que je continue à souffrir.

J'ai suivi deux semaines de kinésithérapie légère, puis j'ai commencé un programme agressif de renforcement musculaire à domicile, supervisé par un ancien entraîneur de football universitaire et ami proche, John Saxon. J'ai constaté une amélioration rapide et spectaculaire, j'ai gagné en force au niveau du haut du corps et j'ai considérablement réduit la douleur.

Une fois que j'ai pris l'habitude de m'entraîner le matin, cinq jours par semaine, les bienfaits sont devenus évidents. Pour la première fois de ma vie, j'ai vu des « bosses » (muscles) se former sur mes biceps et mes triceps. J'ai toujours été un homme à la carrure mince, mais j'avais maintenant plus de 60 ans et je prenais un peu de muscle.

Vous vous souvenez des avantages de l'entraînement ? C'est facile. Il suffit de regarder les enregistrements de mes feuilles hebdomadaires d'objectifs, de mesures et d'exercices accélérés. Le carnet est rempli des bienfaits de mon ex-entraînement. En outre, je me sens maintenant beaucoup plus fort, plus énergique, plus concentré et plus confiant. En me rappelant et en ressentant les avantages évidents de l'entraînement, je continue à avancer et à me développer.

Il en va de même lorsqu'il s'agit de libérer votre avantage concurrentiel déloyal.

Il est facile d'oublier

Nos pères en Égypte n'ont pas compris tes merveilles, ils ne se sont pas souvenus de la multitude de tes miséricordes.

—Psaume 106 : 7

Il est beaucoup trop facile de se souvenir de toutes les mauvaises choses qui se produisent dans vos affaires que de se souvenir des bonnes choses. Votre vie professionnelle quotidienne peut être remplie d'habitudes, de routines, de rituels, de défis sans fin et de frustrations qui vous obligent à vous concentrer uniquement sur les problèmes d'aujourd'hui.

Nous avons naturellement tendance à nous souvenir davantage des échecs et des luttes que des victoires et des triomphes. Ne vous êtes-vous jamais demandé qui nous rappelle ces échecs naturels ? Pas le Saint-Esprit... c'est certain !

Notre ennemi numéro un en affaires est Satan, le prince de ce monde (Eph. 2 : 2) qui désire par-dessus tout tuer, voler et détruire tout ce qui est bon (Jean 10 : 10), même dans vos affaires. Il s'en prend particulièrement aux professionnels remplis de l'Esprit et dotés de pouvoirs surnaturels comme vous. Il n'est pas étonnant que nous oubliions si facilement les moments bénis où le Saint-Esprit a agi dans et à travers nos entreprises.

Je me bats avec cela comme vous. J'ai appris qu'il me fallait un effort ciblé pour m'arrêter, réfléchir et me souvenir des nombreuses manières divines, bonnes et saintes avec lesquelles le Seigneur m'a guidé dans mes affaires par l'intermédiaire du Saint-Esprit.

Vite... écrivez une fois où vous vous souvenez que le Saint-Esprit a eu un impact sur votre entreprise ou votre carrière :

Il y a 10 ans ?

Il y a 5 ans ?

L'année dernière ?

Cette année ?

La semaine dernière ?

Hier ?

C'est plus difficile à faire qu'il ne devrait l'être. Pourquoi ? Nous nous souvenons souvent plus des luttes que des victoires. Même si le Saint-Esprit nous donne un esprit sain (2 Tim. 1 : 7), il est encore bien trop facile d'oublier combien de fois le Seigneur, par son Esprit, nous a guidés, protégés et fait prospérer dans notre travail.

Voici un moyen simple, mais efficace de maintenir votre nouvel élan guidé par l'Esprit.

Votre liste des dix principaux avantages

Je vous ai dit ces choses, afin que, le moment venu, vous vous souveniez que je vous les ai dites.

—Jean 16 : 4

Demandez au Saint-Esprit de vous aider à dresser une liste de dix avantages pour Le libérer dans votre entreprise.

Votre liste sera probablement différente de celle des autres. Le Saint-Esprit vous parlera de votre rôle unique dans votre entreprise unique, dans votre environnement unique, avec vos dons et vos talents uniques. Il peut s'agir de versets bibliques, de paroles d'encouragement, d'actions, de résultats mesurables, et de bien d'autres choses encore.

Les dix principaux avantages pour la libération du Saint-Esprit dans mon entreprise sont les suivants...

1.

2.

3.

4.

5.

6.

7.

8.

9.

10.

Bien joué. Maintenant, vous devez vous souvenir de cette liste.

Un défi de 30 jours sur les avantages

Je me souviendrai des œuvres de l'Éternel, Je me rappellerai Tes merveilles d'autrefois.

—Psaumes 77 : 11

Gardez cette liste à portée de main pendant les 30 prochains jours. Consultez-la au moins deux fois par jour.

Créez une liste de rappel dans votre téléphone. Écrivez chaque élément sur une carte de notes. Affichez la carte dans un endroit où vous la verrez souvent.

En lisant et en méditant cette liste, vous vous rappelez et vous vous motivez à libérer la puissance du Saint-Esprit plus rapidement pour un impact maximal dans vos affaires. Pourquoi ? Parce qu'il l'a déjà fait pour vous dans le passé.

La puissance des avantages

Tu te souviendras de l'Éternel, ton Dieu, car c'est lui qui te donne le pouvoir de t'enrichir, afin d'établir l'alliance qu'il a jurée à tes pères, comme elle l'est aujourd'hui.

—Deutéronome 8 : 18

Le Seigneur vous donne le pouvoir de prospérer dans vos affaires. Votre liste d'avantages vous rappellera constamment que son Esprit travaille à travers vous pour vaincre vos ennemis et déplacer vos montagnes. Elle vous rappellera que Dieu mérite toute la gloire.

6.2. Tenir Un Registre

Il m'a semblé bon, à moi aussi, qui ai eu dès le commencement une intelligence parfaite de toutes choses, de t'écrire un récit complet, très excellent Théophile, afin que tu connaisses la certitude des choses dans lesquelles tu as été instruit.

—Luc 1 : 3-4

Dans la section précédente, « Se souvenir des bienfaits », vous avez remonté le temps pour vous rappeler comment le Saint-Esprit a eu un impact sur vos affaires dans le passé.

La section « Tenir un registre » est axée sur l'avenir. Voici comment j'ai commencé à noter les avantages de la libération du Saint-Esprit dans mes affaires.

Mon système à trois journaux

Mon système d'archivage comprend trois journaux en cuir lignés de 5 x 8 pouces : un journal professionnel, un journal spirituel et un journal de notes de sermons.

Mon journal professionnel marron comprend une zone libre pour la prise de notes générales, ainsi que des sections pour mes clients, mes idées de livres et de blogs, et mes rapports sur l'impact de mon activité.

Mon journal noir est mon journal de développement spirituel personnel, dans lequel je note chaque jour des idées du Saint-Esprit, des notes d'études bibliques et des notes de prédication de mon église.

Mon troisième journal, également noir, est consacré uniquement aux notes prises lors de l'écoute de podcasts de prédications de grands enseignants de la Bible et de pasteurs que j'admire et dont je m'inspire. Ces notes me fournissent une nouvelle liste de choses que le Saint-Esprit m'enseigne à travers les ministères d'autres personnes.

Pour moi, ce système fonctionne. Lorsque je travaille, je garde mon journal de travail brun à portée de main. Lorsque j'assiste à des offices religieux, j'emporte mon journal spirituel personnel. Lorsque j'écoute des podcasts ou que je regarde des prédications à la télévision ou sur Internet, je prends des notes dans le journal des prédications.

Chaque semaine, je consulte ces journaux, en surlignant en jaune les révélations majeures, les paroles prophétiques, les intuitions, les idées et tout ce que le Saint-Esprit m'incite à me rappeler.

L'un de mes moments préférés est de sortir ces journaux et de lire les passages surlignés en jaune. Pour moi, c'est là le véritable pouvoir de mon système. C'est un compte rendu ordonné de la manière dont le Saint-Esprit me guide dans de nombreux domaines de ma vie. Il m'aide également à me rappeler les avantages de poursuivre ce voyage.

En fin de compte, tous ces journaux et notes m'aident à m'édifier et à m'exhorter à accroître l'impact du Saint-Esprit à travers mes activités.

Les notes de prédication s'inscrivent souvent dans un concept commercial que le Seigneur me conduit à partager.

Les découvertes que je tire de mes temps de prière et de mes dévotions permettent à mon esprit d'atteindre un niveau supérieur de connexion et de clairvoyance.

Le journal professionnel m'aide à aligner mon esprit sur le sien, là où il souhaite que je voyage.

Ce système de trois journaux est peut-être trop exigeant pour vous, mais il fonctionne pour moi.

Voici une idée géniale

Pourquoi ne pas demander au Saint-Esprit quel système d'enregistrement vous convient le mieux ? (Clé n°1 : Pratique !) Il le sait déjà !

Quoi qu'il en soit, commencez. Avec le temps, vous affinerez un système qui vous convient, qui est durable et qui vous encourage à maintenir le cap.

C'est là l'essentiel. Commencez et ne vous arrêtez pas !

Au fur et à mesure, vous regarderez en arrière et verrez combien de fois le Saint-Esprit a eu un impact sur votre entreprise, votre personnel, vos clients, et bien d'autres choses encore.

Puis, vous continuerez à avancer, à avancer, à avancer et...

6.3. Tout Ce Qui Est Spirituel N'est Pas De Dieu

Car tels sont les faux apôtres, les ouvriers trompeurs, qui se font passer pour des apôtres du Christ. Et ce n'est pas étonnant ! Car Satan lui-même se transforme en ange de lumière.

—2 Corinthiens 11 : 13-14

Le Saint-Esprit m'a conduit à inclure cette mise en garde : tout ce qui est spirituel n'est pas de Dieu.

Notre ennemi est le père du mensonge, et il n'y a pas de vérité en lui (Jean 8 : 44-45). Alors que vous vous engagez à libérer la puissance du Saint-Esprit dans les affaires, Satan fera tout ce qu'il peut pour vous arrêter, vous retarder, vous décourager et même vous détruire.

Voici trois façons de tenir l'ennemi à distance.

1. Étudier la vérité

Aux États-Unis, les professionnels de la finance apprennent à reconnaître un faux billet NON pas en étudiant les contrefaçons, mais en étudiant de manière approfondie les VRAIES coupures de billets. Pourquoi n'étudier que les vrais billets ? Ainsi, lorsqu'ils constatent un écart par rapport à ce qu'ils savent être la vérité (le vrai billet), ils peuvent immédiatement repérer le faux (la contrefaçon), et la tromperie est terminée.

Étudiez la parole de Dieu. Mieux vous connaîtrez sa vérité, plus il vous sera facile de discerner les mensonges et les tromperies de l'ennemi sur vos affaires.

2. Ne vous concentrez pas uniquement sur le surnaturel

Il est facile pour nous de nous exciter en voyant la puissance surnaturelle de Dieu à l'œuvre dans nos affaires ou dans nos vies. En effet, le Saint-Esprit agit souvent de manière surnaturelle. Cependant, je vous mets en garde contre le fait de vous concentrer uniquement sur une manifestation surnaturelle du Saint-Esprit à l'œuvre.

Le Saint-Esprit peut-il se manifester de manière surnaturelle sur votre lieu de travail ? Des signes et des miracles ? Des guérisons ? Des faveurs financières surnaturelles ? Bien sûr, il le peut.

Mais le plus souvent, d'après mon expérience professionnelle, le Saint-Esprit agit de manière spirituelle plus discrète sur le lieu de travail. Par exemple, vous voyez un cœur plus doux, moins de tensions interpersonnelles, un meilleur travail d'équipe, plus de grâce, d'amour et de gentillesse, des employés plus heureux, et même plus de sourires au bureau.

Il est aisé, lorsqu'on se familiarise avec la puissance du Saint-Esprit, de ne rechercher que le surnaturel (par exemple, une guérison physique, une délivrance spirituelle de l'oppression de l'ennemi, etc.)

Comme le dit un pasteur, « ne rejetez pas le spirituel en cherchant le surnaturel ». Gardez vos yeux, vos oreilles et votre cœur ouverts aux mouvements discrets du Saint-Esprit, car ils sont bien plus susceptibles de se produire que nous ne le pensons.

3. Est-il aligné ?

Efforce-toi de te présenter à Dieu dans un état satisfaisant, comme un ouvrier qui n'a pas à rougir de sa conduite, divisant avec justesse la parole de la vérité.

—2 Timothée 2 : 15

Vérifiez chaque chose spirituelle que vous sentez se produire sur votre lieu de travail par rapport à la Parole de Dieu et au témoignage du Saint-Esprit.

Si ce que vous voyez et sentez s'aligne sur la Parole et que vous avez un témoin, c'est le Saint-Esprit qui est à l'œuvre.

Si ce que vous voyez et sentez ne s'aligne pas sur la Parole et que vous n'avez pas de témoin, c'est la chair ou l'ennemi qui est à l'œuvre.

En développant votre sensibilité spirituelle aux voies et aux actions du Saint-Esprit sur votre lieu de travail, vous apprendrez à distinguer rapidement ses voies de celles de l'ennemi.

6.4. RESTEZ BIEN ENTRAINES

Un homme sage écoutera et s'instruira, et un homme intelligent obtiendra de sages conseils.

—Proverbes 1 : 5

Voici mon encouragement inconditionnel à travailler avec un conseiller d'affaires, un mentor ou un groupe d'alliance guidé par l'Esprit.

N'importe lequel de ces trois éléments serait bon.

Travailler avec les trois serait phénoménal !

Une chose triste que j'ai apprise au cours de mes nombreuses années de conseil aux entreprises guidé par l'Esprit est que très, très peu de chefs d'entreprise sont ouverts à l'idée d'être coachés. Ils sont trop fiers, trop « occupés » ou trop effrayés à l'idée de devoir rendre des comptes.

Cependant, ceux qui recherchent des conseillers expérimentés, guidés par l'Esprit et dotés d'un esprit humble et ouvert à l'enseignement se développent et développent leur entreprise bien plus rapidement que ceux qui ne sont pas ouverts à la collaboration avec des conseillers.

Depuis des décennies, j'ai également suivi de nombreux professionnels, coachs, mentors et groupes de prise de responsabilités guidés par l'Esprit. Dans tous les cas, ils m'exhortent, m'encouragent et me poussent à être un ambassadeur du Christ plus audacieux, plus prophétique et plus percutant au travail.

Je mets en pratique ce que je prêche.

Je prie pour que vous fassiez de même.

Ma formule de coaching en prise de responsabilité en 3 étapes

Il leur dit : « Que celui qui a des oreilles pour entendre entende ».

—Marc 4 : 9

Je veux vous donner l'une de mes formules de coaching les plus puissantes et les plus simples, quelque chose de si simple que de nombreux professionnels s'en moquent.

Pourtant, ceux qui ont adopté ce modèle en trois étapes ont obtenu des résultats révolutionnaires en 90 jours seulement.

Après avoir déterminé leurs objectifs spécifiques pour les 90 prochains jours, je mets ces hommes d'affaires au défi de répondre à ces trois questions simples :

- Que devez-vous COMMENCER à faire pour atteindre ces objectifs ?

- Que devez-vous ARRÊTER de faire pour atteindre ces objectifs ?

- Que devez-vous CONTINUER à faire pour atteindre ces objectifs ?

Commencer.
Arrêter.
Continuer.

Ensuite, mon rôle de conseiller se transforme en partenaire de prise de responsabilité pour vérifier les progrès, les ajuster et les aider à poursuivre leurs objectifs jusqu'à leur terme.

Essayez vous-même.

Notez ci-dessous entre 2 et 3 choses que vous devez *commencer, arrêter* ou *continuer* à faire pour libérer votre avantage concurrentiel déloyal au travail.

Que dois-je COMMENCER à faire ?

1.

2.

3.

Que dois-je ARRÊTER de faire ?

1.

2.

3.

Que dois-je CONTINUER à faire ?

1.

2.

3.

Partagez votre liste avec une autre personne appartenant aux 2%. Demandez à cette personne de créer sa propre liste. Travaillez ensuite ensemble en tant que partenaires responsables qui s'encouragent, s'adaptent, posent des questions, célèbrent les réussites, etc.

Mieux encore, faites appel à un conseiller, que vous payez pour ses services de conseil professionnel guidés par l'Esprit. En effet, lorsque vous investissez votre argent dans un conseiller, vous avez beaucoup plus de chances de respecter vos engagements et ses conseils.

6.5. TOUT EST QUESTION D'IMPACT

> « *Allez donc, de toutes les nations faites des disciples, les baptisant au nom du Père, du Fils et du Saint-Esprit, et leur apprenant à observer tout ce que je vous ai prescrit ; Et voici que je suis avec vous tous les jours, jusqu'à la fin du monde* ». *Amen.*

—Matthieu 28 : 19-20

En définitive, il s'agit de discipliner les nations pour Jésus. Notre travail sur terre sera mesuré à la manière dont nous transmettons l'Évangile à cette planète déchue.

> Puis, s'étant réuni avec eux, il leur ordonna de ne pas s'éloigner de Jérusalem, mais d'attendre ce que le Père avait promis, « ce que je vous ai annoncé, leur dit-il ; car Jean a vraiment baptisé d'eau, mais vous, dans peu de jours, vous serez baptisés du Saint-Esprit ». (Actes 1 : 4-5)

Cette promesse nous habite, vous et moi. C'est une promesse que vous pouvez maintenant mieux libérer sur votre lieu de travail pour obtenir l'impact ultime que nous désirons tous, c'est-à-dire entendre ...

> C'est bien, bon et fidèle serviteur ; tu as été fidèle en peu de chose, je t'établirai sur beaucoup de choses. Entre dans la joie de ton seigneur. (Matt. 25 : 21)

Je prie pour que ce livre vous ait aidé à faire un pas de plus pour atteindre votre impact éternel en libérant la puissance du Saint-Esprit dans vos affaires.

Discussion De groupe

Partagez votre liste des « dix principaux avantages » de la libération de la puissance de l'Esprit Saint dans vos affaires. Quels sont les avantages des listes des autres membres du groupe qui vous sont utiles ?

Quel est votre plan actuel pour « Tenir un registre » ? Comment ce groupe peut-il vous aider à rendre compte de votre utilisation ?

Partagez vos listes « Commencer, Arrêter, Continuer ». Partagez votre liste avec un partenaire de prise de responsabilité et créez un calendrier ou un système sur 30 jours.

Comment un business coach ou un coach spirituel pourrait-il améliorer votre marche avec le Saint-Esprit ?

Comment allez-vous maintenir tout ce que vous avez appris dans votre nouvelle démarche spirituelle et professionnelle ?

LA REPONSE À 1001 QUESTIONS

QUESTIONS

La réponse à 1001 questions est ... SOYEZ GUIDÉ !

—Pasteur Keith Moore

VERSETS CLES

VOICI LES VERSETS CLÉS QUE VOUS DEVEZ LIRE ET MÉMORISER pour vous aider à libérer votre avantage concurrentiel déloyal dans les affaires. Gardez-les à portée de main. Mettez ces mots au fond de votre cœur.

> Car tous ceux qui sont conduits par l'Esprit de Dieu sont fils de Dieu.

> —Romains 8 : 14

> L'Esprit lui-même rend témoignage à notre esprit que nous sommes enfants de Dieu.

> —Romains 8 : 16

> Je prierai le Père, et il vous donnera un autre consolateur, afin qu'il demeure éternellement avec vous, l'Esprit de vérité, que le monde ne peut recevoir, parce qu'il ne le voit point et ne le connaît point ; mais vous, vous le connaissez, car il demeure avec vous, et il sera en vous.

> —Jean 14 : 16-17

Quand il sera venu, l'Esprit de vérité, il vous conduira dans toute la vérité ; car il ne parlera pas de son propre chef, mais il dira tout ce qu'il entendra, et il vous annoncera les choses à venir.

—Jean 16 : 13

Mais mon serviteur Caleb, parce qu'il a en lui un esprit différent et qu'il m'a pleinement suivi, je le ferai entrer dans le pays où il est allé, et sa descendance en sera l'héritière.

—Nombres 14 : 24

Confie-toi de tout ton cœur à l'Éternel, et ne t'appuie pas sur ton intelligence ; reconnais-le dans toutes tes voies, et il dirigera tes sentiers.

—Proverbes 3 : 5-6

Réjouissez-vous toujours, priez sans cesse, rendez grâces en toutes choses, car telle est la volonté de Dieu à votre égard dans le Christ Jésus. N'éteignez pas l'Esprit.

—1 Thessaloniciens 5 : 16-19

Mais rien de tout cela ne m'émeut, et je ne tiens pas à ma vie, afin d'achever avec joie ma course et le ministère que j'ai reçu du Seigneur Jésus, pour rendre témoignage à l'Évangile de la grâce de Dieu.

—Actes 20 : 24

N'aimez pas le monde ni les choses du monde. Si quelqu'un aime le monde, l'amour du Père n'est pas en lui. Car tout ce qui est dans le monde, la convoitise de la chair, la convoitise des yeux, l'orgueil de la vie, ne vient pas du Père, mais du monde.

—1 Jean 2 : 15-16

C'est à lui que le portier ouvre, et les brebis entendent sa voix ; il appelle ses brebis par leur nom, et il les mène dehors. Quand il fait sortir ses brebis, il marche devant elles, et les brebis le suivent, parce qu'elles connaissent sa voix.

—Jean 10 : 3-4

Mais comme il est écrit : « L'œil n'a pas vu, l'oreille n'a pas entendu, et il n'est pas entré dans le cœur de l'homme ce que Dieu a préparé pour ceux qui l'aiment ». Mais Dieu nous les a révélées par son Esprit. Car l'Esprit sonde tout, même les profondeurs de Dieu. En effet, qui connaît les choses de l'homme, si ce n'est l'esprit de l'homme qui est en lui ? De même, personne ne connaît les choses de Dieu, si ce n'est l'Esprit de Dieu.

—1 Corinthiens 2 : 9-11

Or, nous avons reçu, non l'esprit du monde, mais l'Esprit qui vient de Dieu, afin de connaître les choses que Dieu nous a données librement.

—1 Corinthiens 2 : 12

Ne vous conformez pas au monde présent, mais soyez transformés par le renouvellement de votre intelligence, afin que vous discerniez quelle est la volonté de Dieu, ce qui est bon, agréable et parfait.

—Romains 12 : 2

Tout ce que vous faites, faites-le de bon cœur, comme pour le Seigneur et non pour les hommes, sachant que vous recevrez du Seigneur la récompense de l'héritage, car vous servez le Seigneur Christ.

—Colossiens 3 : 23-24

Car il a paru bon à l'Esprit Saint et à nous-mêmes de ne vous imposer d'autre fardeau que celui des choses nécessaires.

—Actes 15 : 28

Demandez, et l'on vous donnera ; cherchez, et vous trouverez ; frappez, et l'on vous ouvrira.

—Matthieu 7 : 7

N'attristez pas le Saint-Esprit de Dieu, par lequel vous avez été scellés pour le jour de la rédemption.

—Éphésiens 4 : 30

Sa mère dit aux serviteurs : « Tout ce qu'il vous dira, faites-le ».

—Jean 2 : 5

Et Jabez invoqua le Dieu d'Israël en disant : « Oh ! si tu me bénissais, si tu élargissais mon territoire, si ta main était avec moi, si tu me gardais du mal, si je ne causais pas de douleur ! » Dieu lui accorda ce qu'il demandait.

—1 Chroniques 4 : 10

Ne nous lassons pas de faire le bien, car nous moissonnerons au temps convenable, si nous ne nous décourageons pas.

—Galates 6 : 9

UNE INVITATION

MAINTENANT QUE VOUS AVEZ PARCOURU *NOTRE AVANTAGE Déloyal,* une vérité qui devrait exploser dans votre cœur en ce moment est la bonté de Dieu - combien il se soucie des détails de votre vie et Son désir de faire prospérer radicalement tout ce que vous entreprenez. Quelle que soit la montagne d'influence qu'il a conçue pour vous, il veut être avec vous en tant que protecteur, guide, enseignant, ami et père. Pourquoi ? Parce qu'il vous aime et qu'il a un plan merveilleux pour votre vie.

Alors, quelle est l'invitation ? Je veux vous inviter à entrer dans une relation personnelle avec Dieu par l'intermédiaire de son Fils, Jésus-Christ.

Même si ce livre a été écrit pour ceux qui ont déjà une nouvelle relation avec Jésus, il se peut que vous lisiez ce livre sans avoir de relation avec Jésus. Vous connaissez Dieu, mais vous n'avez jamais ressenti son amour pour vous ni connu son plan pour votre vie.

Tout ce que Dieu a à offrir est disponible à travers une relation avec Jésus. C'est ce que nous dit la Bible dans Jean 3 : 16 : « Car Dieu a tant aimé le monde qu'il a donné son Fils unique, afin que quiconque croit en lui ne périsse point, mais qu'il ait la vie éternelle ».

Le plan de Dieu est que vous fassiez l'expérience de sa vie abondante. Jésus l'a clairement exprimé lorsqu'il a dit à ses disciples : « Je suis venu pour qu'ils aient la vie, et qu'ils l'aient en abondance » (Jean 10 : 10).

Vous vous dites peut-être : « Mais je ne vis rien qui ressemble à une vie abondante... du moins pas à l'intérieur ». C'est parce que « nous avons tous péché et nous ne sommes pas à la hauteur de la gloire de Dieu » (Rom. 3 : 23). Nous avons été créés pour avoir une relation avec Dieu, pour connaître sa vie et son amour, mais notre manque de pardon, notre amertume, notre rébellion ou notre indifférence sont ce que Dieu appelle le péché, et ils nous séparent de lui comme ils nous séparent d'autres personnes dans notre vie.

La Bible dit que notre péché mérite la peine de mort, mais la bonne nouvelle est que Jésus a payé cette peine pour nous, pour vous ! « Dieu prouve son amour envers nous en ce sens que, lorsque nous étions encore pécheurs, le Christ est mort pour nous » (Rom. 5 : 8). La Bible déclare que Jésus est mort sur une croix romaine, qu'il a été enterré dans un tombeau et qu'il est ressuscité trois jours plus tard. En faisant cela, il a non seulement payé pour nos péchés, mais il a aussi vaincu la mort. C'est pourquoi il a pu dire à ses disciples : « Je suis le chemin, la vérité et la vie ; personne ne vient au Père si ce n'est par moi » (Jean 14 : 6).

Plus que tout, comme un bon père aime être proche de ses enfants, votre Père céleste aspire à une relation intime avec vous. Si vous n'avez jamais fait l'expérience de l'amour de Dieu, vous pouvez en faire l'expérience dès maintenant ! Si tu crois en Jésus-Christ, qu'il est mort et qu'il est ressuscité pour te sauver de ton péché, tu seras sauvé. En fait, Jésus a dit que vous « naîtrez de nouveau », ce qui signifie que vous naîtrez dans une nouvelle famille en tant qu'enfant de Dieu. Jean 1 : 12 dit : « À tous ceux qui l'ont reçu [en parlant de Jésus], il a donné le droit de devenir enfants de Dieu à ceux qui croient en son nom ».

Si vous souhaitez recevoir la vie de Jésus à l'intérieur et « naître de nouveau » en tant qu'enfant de Dieu, c'est simple. Dieu sait où tu en es, et il ne se préoccupe pas autant de tes paroles que de ton cœur. Tu peux l'appeler avec tes propres mots et il t'entend.

Si vous avez besoin d'aide, voici une simple prière pour vous guider :

> Jésus, j'ai besoin de toi. Je crois que tu es mort sur la croix pour mes péchés. J'ouvre mon cœur et je te reçois comme mon Sauveur et Seigneur. Merci de pardonner mes péchés et de me donner la vie

éternelle. J'abandonne le contrôle de ma vie. Viens t'asseoir sur le trône de mon cœur et fais ce que tu veux de ma vie. Fais de moi le genre de personne que tu veux que je sois.

Si vous avez cru en Jésus-Christ et l'avez invité à être votre Sauveur et Seigneur, vous êtes entré dans une relation nouvelle et exaltante avec Dieu ! Nous voulons nous réjouir avec vous. Envoyez-nous un courriel à hello@DrJimHarris.com pour que nous puissions nous réjouir avec vous de votre nouvelle vie !

—**Ben Watts**, pasteur et enseignant apostolique

À Propos Du Dr. Jim Harris

L E DR. JIM EST ENSEIGNANT, ANIMATEUR DE TÉLÉVISION ET CONSEILLER spirituel auprès de dirigeants d'entreprises, de gouvernements et de ministères dans le monde entier.

Avant d'écrire Notre avantage déloyal, le Dr Jim a conseillé de nombreuses entreprises parmi les mieux gérées au monde, notamment Walmart, IBM, Best Buy, State Farm (États-Unis et Canada), Johnson & Johnson, Ford Motors, Outakumpa Oy (Finlande), Nature's Way Foods (Angleterre), et des dizaines d'autres.

Jim anime aujourd'hui l'émission The Unfair Advantage Show où, à travers des études de cas, des interviews et des enseignements profonds, vous apprenez à libérer la pleine puissance du Saint-Esprit dans vos affaires. Regardez ou écoutez l'émission sur JCCEOS.TV, sur ses chaînes de médias ou sur les principales plateformes de podcast.

La principale passion du Dr Jim est d'enseigner aux chefs d'entreprise comment intégrer les révélations du Royaume dans leur affaire afin de multiplier par 30, 60, voire 100 leur chiffre d'affaires, tout cela dans le but de financer la moisson d'âmes de la fin des temps pour Jésus.

Contactez et suivez le Dr. Jim :

- E-mail : Hello@DrJimHarris.com
- Web : www.DrJimHarris.com
- LinkedIn : www.linkedin.com/in/drjimharris
- YouTube : @drjimharris
- Twitter/X : @drjimharris

- Facebook : @drjimharris
- Instagram : @drjimharris

Pour acheter des exemplaires de Notre avantage déloyal en gros, veuillez contacter High Bridge Books à l'adresse suivante : www.HighBridgeBooks.com/contact.

www.ingramcontent.com/pod-product-compliance
Lightning Source LLC
Chambersburg PA
CBHW030831090426
42737CB00009B/973